EXORTAÇÃO APOSTÓLICA PÓS-SINODAL

SACRAMENTUM CARITATIS

DO SUMO PONTÍFICE

BENTO XVI

AO EPISCOPADO, AO CLERO, ÀS PESSOAS
CONSAGRADAS E AOS FIÉIS LEIGOS

SOBRE A EUCARISTIA,
FONTE E ÁPICE
DA VIDA E DA MISSÃO DA IGREJA

Direção-geral: *Flávia Reginatto*
Editora responsável: *Vera Ivanise Bombonatto*

6ª edição – 2010
9ª reimpressão – 2023

Nenhuma parte desta obra poderá ser reproduzida ou transmitida por qualquer forma e/ou quaisquer meios (eletrônico ou mecânico, incluindo fotocópia e gravação) ou arquivada em qualquer sistema ou banco de dados sem permissão escrita da Editora. Direitos reservados.

© 2007 – Libreria Editrice Vaticana

Cadastre-se e receba nossas informações
www.paulinas.com.br
Telemarketing e SAC: 0800-7010081

Paulinas
Rua Dona Inácia Uchoa, 62
04110-020 – São Paulo – SP (Brasil)
📞 (11) 2125-3500
✉ editora@paulinas.com.br
© Pia Sociedade Filhas de São Paulo – São Paulo, 2007

INTRODUÇÃO

1. Sacramento da caridade,[1] a santíssima Eucaristia é a doação que Jesus Cristo faz de si mesmo, revelando-nos o amor infinito de Deus por cada homem. Nesse sacramento admirável, manifesta-se o amor "maior": o amor que leva a "dar a vida pelos amigos" (Jo 15,13). De fato, Jesus "amou-os até o fim" (Jo 13,1). Com essas palavras, o evangelista introduz o gesto de infinita humildade que Jesus realizou: na vigília da sua morte por nós na cruz, pôs uma toalha à cintura e lavou os pés aos seus discípulos. Do mesmo modo, no sacramento eucarístico, Jesus continua a amar-nos "até o fim", até o dom do seu corpo e do seu sangue. Que enlevo se deve ter apoderado do coração dos discípulos à vista dos gestos e palavras do Senhor durante aquela Ceia! Que maravilha deve suscitar, também no nosso coração, o mistério eucarístico!

O alimento da verdade

2. No sacramento do altar, o Senhor vem ao encontro do homem, criado à imagem e semelhança de Deus (cf. Gn 1,27), fazendo-se seu companheiro de viagem. Com efeito, nesse sacramento, Jesus torna-

---

[1] Cf. São Tomás de Aquino, *Summa Theologiæ*, III, q. 73, a. 3.

se alimento para o homem, faminto de verdade e de liberdade. Uma vez que só a verdade nos pode tornar verdadeiramente livres (cf. Jo 8,36), Cristo faz-se alimento de Verdade para nós. Com agudo conhecimento da realidade humana, santo Agostinho pôs em evidência como o homem se move espontaneamente, e não constrangido, quando encontra algo que o atrai e nele suscita desejo. Perguntando-se ele, uma vez, sobre o que poderia em última análise mover o homem no seu íntimo, o santo bispo exclama: "Que pode a alma desejar mais ardentemente do que a verdade?".[2] De fato, todo homem traz dentro de si o desejo insuprimível da verdade última e definitiva. Por isso, o Senhor Jesus, "caminho, verdade e vida" (Jo 14,6), dirige-se ao coração anelante do homem que se sente peregrino e sedento, ao coração que suspira pela fonte da vida, ao coração mendigo da Verdade. Com efeito, Jesus Cristo é a Verdade feita Pessoa, que atrai a si o mundo. "Jesus é a estrela polar da liberdade humana: esta, sem ele, perde a sua orientação, porque, sem o conhecimento da verdade, a liberdade desvirtua-se, isola-se e reduz-se a estéril arbítrio. Com ele, a liberdade volta a encontrar-se a si mesma".[3] No sacramento da Eucaristia, Jesus mostra-nos de modo particular a *verdade do amor*, que

---

[2] Santo Agostinho, *In Iohannis Evangelium Tractatus*, 26, 5: *PL* 35, 1609.

[3] Bento XVI, *Discurso aos participantes na Assembléia Plenária da Congregação para a Doutrina da Fé* (10 de fevereiro de 2006): *AAS* 98 (2006), 255.

é a própria essência de Deus. Essa é a verdade evangélica que interessa a todo homem e ao homem todo. Por isso a Igreja, que encontra na Eucaristia o seu centro vital, esforça-se constantemente por anunciar a todos, em tempo propício e fora dele (*opportune, importune*: cf. 2Tm 4,2), que Deus é amor.[4] Exatamente porque Cristo se fez alimento de Verdade para nós, a Igreja dirige-se ao homem convidando-o a acolher livremente o dom de Deus.

O desenvolvimento do rito eucarístico

3. Contemplando a história bimilenária da Igreja de Deus, sapientemente guiada pela ação do Espírito Santo, admiramos cheios de gratidão o desenvolvimento ordenado no tempo das formas rituais em que fazemos memória do acontecimento da nossa salvação. Desde as múltiplas formas dos primeiros séculos, que resplandecem ainda nos ritos das Antigas Igrejas do Oriente, até a difusão do rito romano; desde as indicações claras do Concílio de Trento e do Missal de são Pio V até a renovação litúrgica querida pelo Concílio Vaticano II: em cada etapa da história da Igreja, a celebração eucarística, enquanto fonte e ápice da sua vida e missão, resplandece no rito litúrgico em toda a sua multiforme riqueza. A XI Assembléia

---

[4] Cf. Bento XVI, *Discurso aos membros do Conselho Ordinário da Secretaria Geral do Sínodo dos Bispos* (1º de junho de 2006): *L'Osservatore Romano* (ed. port. de 8/6/2006), 237.

Geral Ordinária do Sínodo dos Bispos, que decorreu de 2 a 23 de outubro de 2005 no Vaticano, elevou um profundo agradecimento a Deus por essa história, reconhecendo nela a guia ativa do Espírito Santo. De modo particular, os padres sinodais reconheceram e reafirmaram o benéfico influxo que teve, na vida da Igreja, a reforma litúrgica atuada a partir do Concílio Ecumênico Vaticano II.[5] O Sínodo dos Bispos pôde avaliar o acolhimento que a mesma teve depois da assembléia conciliar; inúmeros foram os elogios; como lá se disse, as dificuldades e alguns abusos assinalados não podem ofuscar a excelência e a validade da referida renovação litúrgica, que contém riquezas ainda não plenamente exploradas. Trata-se, em concreto, de ler as mudanças queridas pelo Concílio dentro da unidade que caracteriza o desenvolvimento histórico do próprio rito, sem introduzir artificiosas rupturas.[6]

O Sínodo dos Bispos e o Ano da Eucaristia

4. Além disso, é necessário sublinhar a relação do recente Sínodo dos Bispos sobre a Eucaristia com o que sucedeu durante os últimos anos na vida da Igreja. Antes de mais nada, devemos pensar no Grande Jubi-

---

[5] Cf. *Propositio* 2.

[6] Aludo aqui à necessidade de uma hermenêutica da continuidade mesmo no que diz respeito a uma correta leitura do desenvolvimento litúrgico depois do Concílio Vaticano II: cf. Bento XVI, *Discurso à Cúria Romana* (22 de dezembro de 2005): *AAS* 98 (2006), 44-45.

leu do ano 2000, com o qual meu amado predecessor, o servo de Deus João Paulo II, introduziu a Igreja no terceiro milênio cristão; o Ano Jubilar teve, sem dúvida, uma caracterização intensamente eucarística. Depois, não se pode esquecer que o Sínodo dos Bispos foi precedido e, em certo sentido, preparado também pelo Ano da Eucaristia, estabelecido com grande clarividência por João Paulo II para toda a Igreja; teve início com o Congresso Eucarístico Internacional em Guadalajara no mês de outubro de 2004 e terminou a 23 de outubro de 2005, no final da XI Assembléia Sinodal, com a canonização de cinco beatos que se distinguiram, de forma particular, pela sua piedade eucarística: o bispo José Bilczewski, os sacerdotes Caetano Catanoso, Sigismundo Gorazdowski e Alberto Hurtado Cruchaga, e o religioso capuchinho Félix de Nicósia. Graças aos ensinamentos propostos por João Paulo II na Carta Apostólica *Mane nobiscum Domine*[7] e às preciosas sugestões da Congregação para o Culto Divino e a Disciplina dos Sacramentos,[8] numerosas foram as iniciativas que as dioceses e as diversas realidades eclesiais empreenderam para despertar e aumentar nos crentes a fé eucarística, para melhorar o cuidado das celebrações e promover a adoração

---

[7] Tem a data de 7 de outubro de 2004; veja-se o texto em *AAS* 97 (2005), 337-352.

[8] Cf. *Ano da Eucaristia: sugestões e propostas* (15 de outubro de 2004): *L'Osservatore Romano* (15 de outubro de 2004), Suplemento.

eucarística, para encorajar uma real solidariedade que, partindo da Eucaristia, atingisse os necessitados. Por último, é preciso mencionar a importância da última Encíclica do meu venerado predecessor, a *Ecclesia de Eucharistia*,[9] deixando-nos através dela uma segura referência do Magistério quanto à doutrina eucarística e um derradeiro testemunho do lugar central que esse sacramento divino ocupava na sua vida.

Finalidade do documento

5. Esta Exortação Apostólica pós-sinodal tem por objetivo recolher a multiforme riqueza de reflexões e propostas surgidas na recente Assembléia Geral Ordinária do Sínodo dos Bispos — a começar dos *Lineamenta* até as *Propositiones*, passando pelo *Instrumentum laboris*, as *Relationes ante et post disceptationem*, as intervenções dos padres sinodais, auditores e delegados fraternos —, com a intenção de explicitar algumas linhas fundamentais de empenho tendentes a despertar na Igreja novo impulso e fervor eucarístico. Consciente do vasto patrimônio doutrinal e disciplinar acumulado no decurso dos séculos à

---

[9] Tem a data de 17 de abril de 2003; veja-se o texto em *AAS* 95 (2003), 433-475. Há que recordar também a Instrução da Congr. para o Culto Divino e a Disciplina dos Sacramentos, *Redemptionis sacramentum* (25 de março de 2004): *AAS* 96 (2004), 549-601, expressamente desejada por João Paulo II.

volta da Eucaristia,[10] neste documento desejo sobretudo recomendar, acolhendo o voto dos padres sinodais,[11] que o povo cristão aprofunde a relação entre o *mistério eucarístico*, a *ação litúrgica* e o *novo culto espiritual* que deriva da Eucaristia enquanto *sacramento da caridade*. Com essa perspectiva, pretendo colocar esta Exortação na linha da minha primeira Carta Encíclica — *Deus caritas est* —, na qual várias vezes falei do sacramento da Eucaristia pondo em evidência a sua relação com o amor cristão, tanto para com Deus como para com o próximo: "O Deus encarnado atrai-nos todos a si. Assim se compreende por que motivo o termo *agape* se tenha tornado também um nome da Eucaristia; nessa, a *agape* de Deus vem corporalmente a nós, para continuar a sua ação em nós e através de nós".[12]

---

[10] Recordo apenas os principais: Conc. Ecum. de Trento, *Doctrina et canones de ss. Missæ sacrificio*: *DS* 1738-1759; Leão XIII, Carta enc. *Miræ caritatis* (28 de maio de 1902): *ASS* (1903), 115-136; Pio XII, Carta enc. *Mediator Dei* (20 de novembro de 1947): *AAS* 39 (1947), 521-595; Paulo VI, Carta enc. *Mysterium fidei* (3 de setembro de 1965): *AAS* 57 (1965), 753-774; João Paulo II, Carta enc. *Ecclesia de Eucharistia* (17 de abril de 2003): *AAS* 95 (2003), 433-475; Congr. para o Culto Divino e a Disciplina dos Sacramentos, Instr. *Eucharisticum mysterium* (25 de maio de 1967): *AAS* 59 (1967), 539-573; Instr. *Liturgiam authenticam* (28 de março de 2001): *AAS* 93 (2001), 685-726.

[11] Cf. *Propositio* 1.

[12] N. 14: *AAS* 98 (2006), 229.

I Parte

EUCARISTIA, MISTÉRIO ACREDITADO

A obra de Deus consiste em acreditar naquele que ele enviou.
(Jo 6,29)

A fé eucarística da Igreja

6. *"Mistério da fé!"*: com essa exclamação pronunciada logo a seguir às palavras da consagração, o sacerdote proclama o mistério celebrado e manifesta o seu enlevo diante da conversão substancial do pão e do vinho no corpo e no sangue do Senhor Jesus, realidade essa que ultrapassa toda a compreensão humana. Com efeito, a Eucaristia é por excelência "mistério da fé": "É o resumo e a súmula da nossa fé".[13] A fé da Igreja é essencialmente fé eucarística e alimenta-se, de modo particular, à mesa da Eucaristia. A fé e os sacramentos são dois aspectos complementares da vida eclesial. Suscitada pelo anúncio da Palavra de Deus, a fé é alimentada e cresce no encontro com a graça do Senhor ressuscitado que se realiza nos sacramentos:

---

[13] *Catecismo da Igreja Católica*, 1327.

"A fé exprime-se no rito e este revigora e fortifica a fé".[14] Por isso, o sacramento do altar está sempre no centro da vida eclesial; "graças à Eucaristia, a Igreja renasce sempre de novo!"[15] Quanto mais viva for a fé eucarística no povo de Deus, tanto mais profunda será a sua participação na vida eclesial por meio de uma adesão convicta à missão que Cristo confiou aos seus discípulos. Testemunha-o a própria história da Igreja: toda a grande reforma está, de algum modo, ligada à redescoberta da fé na presença eucarística do Senhor no meio do seu povo.

Santíssima Trindade e Eucaristia

O pão descido do céu

7. O primeiro conteúdo da fé eucarística é o próprio mistério de Deus, amor trinitário. No diálogo de Jesus com Nicodemos, encontramos uma afirmação esclarecedora a tal respeito: "Deus amou tanto o mundo que entregou o seu Filho Unigênito, para que todo homem que acredita nele não pereça, mas tenha a vida eterna. Porque Deus não enviou o Filho ao mundo para condenar o mundo, mas para que o mundo seja salvo por ele" (Jo 3,16-17). Essas palavras revelam a

---

[14] *Propositio* 16.
[15] Bento XVI, *Homilia na tomada de posse da Cátedra de Roma* (7 de maio de 2005): *AAS* 97 (2005), 752.

raiz última do dom de Deus. Na Eucaristia, Jesus não dá "alguma coisa", mas dá-se a si mesmo; entrega o seu corpo e derrama o seu sangue. Desse modo dá a totalidade da sua própria vida, manifestando a fonte originária desse amor: ele é o Filho eterno que o Pai entregou por nós. Noutra passagem do evangelho, depois de Jesus ter saciado a multidão pela multiplicação dos pães e dos peixes, ouvimo-lo dizer aos interlocutores que vieram atrás dele até a sinagoga de Cafarnaum: "Meu Pai é que vos dá o verdadeiro pão que vem do céu. O pão de Deus é o que desce do céu para dar a vida ao mundo" (Jo 6,32-33), acabando por identificar-se ele mesmo — a sua própria carne e o seu próprio sangue — com aquele pão: "Eu sou o pão vivo que desceu do céu. Quem comer deste pão viverá eternamente. E o pão que eu hei de dar é a minha carne que eu darei pela vida do mundo" (Jo 6,51). Assim Jesus manifesta-se como o pão da vida que o Pai eterno dá aos homens.

Dom gratuito da Santíssima Trindade

8. Na Eucaristia, revela-se o desígnio de amor que guia toda a história da salvação (cf. Ef 1,9-10; 3,8-11). Nela, o Deus-Trindade (*Deus Trinitas*), que em si mesmo é amor (cf. 1Jo 4,7-8), envolve-se plenamente com a nossa condição humana. No pão e no vinho, sob cujas aparências Cristo se nos dá na ceia pascal (cf. Lc 22,14-20; 1Cor 11,23-26), é toda a vida divina que nos alcança e se comunica a nós na forma do sacramento:

Deus é comunhão perfeita de amor entre o Pai, o Filho e o Espírito Santo. Já na criação, o homem fora chamado a partilhar, em certa medida, o sopro vital de Deus (cf. Gn 2,7). Mas é em Cristo morto e ressuscitado e na efusão do Espírito Santo, dado sem medida (cf. Jo 3,34), que nos tornamos participantes da intimidade divina.[16] Assim Jesus Cristo, que "pelo Espírito eterno se ofereceu a Deus como vítima sem mancha" (Hb 9,14), no dom eucarístico comunica-nos a própria vida divina. Trata-se de um dom absolutamente gratuito, devido apenas às promessas de Deus cumpridas para além de toda e qualquer medida. A Igreja acolhe, celebra e adora esse dom, com fiel obediência. O "mistério da fé" é mistério de amor trinitário, no qual, por graça, somos chamados a participar. Por isso, também nós devemos exclamar com santo Agostinho: "Se vês a caridade, vês a Trindade".[17]

Eucaristia: Jesus, verdadeiro Cordeiro imolado

A nova e eterna aliança no sangue do Cordeiro

9. A missão, que trouxe Jesus entre nós, atinge o seu cumprimento no mistério pascal. Do alto da cruz, de onde atrai todos a si (cf. Jo 12,32), antes de "entregar o Espírito" Jesus diz: "Tudo está consumado" (Jo

---

[16] Cf. *Propositio* 4.
[17] *De Trinitate*, VIII, 8, 12: *CCL* 50, 287.

19,30). No mistério da sua obediência até a morte, e morte de cruz (cf. Fl 2,8), cumpriu-se a nova e eterna aliança. Na sua carne crucificada, a liberdade de Deus e a liberdade do homem juntaram-se definitivamente num pacto indissolúvel, válido para sempre. Também o pecado do homem ficou expiado, uma vez por todas, pelo Filho de Deus (cf. Hb 7,27; 1Jo 2,2; 4,10). Como já tive ocasião de afirmar, "na sua morte de cruz, cumpre-se aquele virar-se de Deus contra si próprio, com o qual ele se entrega para levantar o homem e salvá-lo — o amor na sua forma mais radical".[18] No mistério pascal, realizou-se verdadeiramente a nossa libertação do mal e da morte. Na instituição da Eucaristia, o próprio Jesus falara da "nova e eterna aliança", estipulada no seu sangue derramado (cf. Mt 26,28; Mc 14,24; Lc 22,20). Essa finalidade última da sua missão era bem evidente já no início da sua vida pública; de fato, nas margens do Jordão, quando João Batista vê Jesus vir ter com ele, exclama: "Eis *o Cordeiro de Deus*, que tira o pecado do mundo" (Jo 1,29). É significativo que a mesma expressão apareça, sempre que celebramos a Santa Missa, no convite do sacerdote para nos abeirarmos do altar: "Felizes os convidados para a ceia do Senhor. Eis *o Cordeiro de Deus*, que tira o pecado do mundo". Jesus é o *verdadeiro* Cordeiro pascal, que se

---

[18] Carta enc. *Deus caritas est* (25 de dezembro de 2005), 12: *AAS* 98 (2006), 228.

ofereceu espontaneamente a si mesmo em sacrifício por nós, realizando assim a nova e eterna aliança. A Eucaristia contém nela essa novidade radical, que nos é oferecida em cada celebração.[19]

A instituição da Eucaristia

10. Desse modo, a nossa reflexão foi deter-se na instituição da Eucaristia durante a Última Ceia. O fato teve lugar no âmbito de uma ceia ritual, que constituía o memorial do acontecimento fundador do povo de Israel: a libertação da escravidão do Egito. Essa ceia ritual, associada com a imolação dos cordeiros (cf. Ex 12,1-28.43-51), era memória do passado, mas ao mesmo tempo também memória profética, ou seja, anúncio de uma libertação futura; de fato, o povo experimentara que aquela libertação não tinha sido definitiva, pois a sua história ainda estava demasiadamente marcada pela escravidão e pelo pecado. O memorial da antiga libertação abria-se, assim, à súplica e ao anseio por uma salvação mais profunda, radical, universal e definitiva. É nesse contexto que Jesus introduz a novidade do seu dom; na oração de louvor — a *Berakah* —, ele dá graças ao Pai não só pelos grandes acontecimentos da história passada mas também pela sua própria "exaltação". Ao instituir o sacramento da Eucaristia, Jesus antecipa e implica o sacrifício da cruz e a vitória da

---

[19] Cf. *Propositio* 3.

ressurreição; ao mesmo tempo, revela-se como o *verdadeiro* Cordeiro imolado, previsto no desígnio do Pai desde a fundação do mundo, como se lê na Primeira Carta de Pedro (cf. 1,18-20). Ao colocar o dom de si mesmo nesse contexto, Jesus manifesta o sentido salvífico da sua morte e ressurreição, mistério esse que se torna uma realidade renovadora da história e do mundo inteiro. Com efeito, a instituição da Eucaristia mostra como aquela morte, de per si violenta e absurda, se tenha tornado, em Jesus, ato supremo de amor e libertação definitiva da humanidade do mal.

A figura deu lugar à Verdade

11. Como vimos, Jesus insere a sua novidade (*novum*) radical no âmbito da antiga ceia sacrifical hebraica. Uma tal ceia, nós, cristãos, já não temos necessidade de a repetir. Como justamente dizem os Padres, *figura transit in veritatem*: aquilo que anunciava as realidades futuras cedeu agora o lugar à própria Verdade. O antigo rito consumou-se e ficou definitivamente superado mediante o dom de amor do Filho de Deus encarnado. O alimento da verdade, Cristo imolado por nós, pôs termo às figuras (*dat figuris terminum*).[20] Com a sua ordem "*Fazei isto em memória de mim*" (Lc 22,19; 1Cor 11,25), pede-nos para corresponder ao seu dom

---

[20] Cf. Breviário Romano: *Hino do Ofício de Leituras*, na solenidade do Corpo de Deus.

e representá-o sacramentalmente; com tais palavras, o Senhor manifesta, por assim dizer, a esperança de que a Igreja, nascida do seu sacrifício, acolha esse dom desenvolvendo, sob a guia do Espírito Santo, a forma litúrgica do sacramento. De fato, o memorial do seu dom perfeito consiste não na simples repetição da Última Ceia mas sim propriamente na Eucaristia, ou seja, na novidade radical do culto cristão. Assim Jesus deixou-nos a missão de entrar na sua "hora": "A Eucaristia arrasta-nos no ato oblativo de Jesus. Não é só de modo estático que recebemos o *Logos* encarnado, mas ficamos envolvidos na dinâmica da sua doação".[21] Ele "arrasta-nos para dentro de si".[22] A conversão substancial do pão e do vinho no seu corpo e no seu sangue insere dentro da criação o princípio de uma mudança radical, como uma espécie de "fissão nuclear" (para utilizar uma imagem hoje bem conhecida de todos nós), verificada no mais íntimo do ser; uma mudança destinada a suscitar um processo de transformação da realidade, cujo termo último é a transfiguração do mundo inteiro, até chegar àquela condição em que Deus seja tudo em todos (cf. 1Cor 15,28).

---

[21] Bento XVI, Carta enc. *Deus caritas est* (25 de dezembro de 2005), 13: *AAS* 98 (2006), 228.

[22] Cf. Bento XVI, *Homilia na Esplanada de Marienfeld* (21 de agosto de 2005): *AAS* 97 (2005), 891-892.

O Espírito Santo e a Eucaristia

Jesus e o Espírito Santo

12. Com a sua palavra e com o pão e o vinho, o próprio Senhor nos ofereceu os elementos essenciais do culto novo. A Igreja, sua Esposa, é chamada a celebrar o banquete eucarístico dia após dia em memória dele. Desse modo, ela insere o sacrifício redentor do seu Esposo na história dos homens e torna-o sacramentalmente presente em todas as culturas. Esse grande mistério é celebrado nas formas litúrgicas que a Igreja, guiada pelo Espírito Santo, desenvolve no tempo e no espaço.[23] A propósito, é necessário despertar em nós a consciência da função decisiva que exerce o Espírito Santo no desenvolvimento da forma litúrgica e no aprofundamento dos mistérios divinos. O Paráclito, primeiro dom concedido aos crentes,[24] ativo já na criação (cf. Gn 1,2), está presente em plenitude na vida inteira do Verbo encarnado: com efeito, Jesus Cristo é concebido no seio da Virgem Maria por obra do Espírito Santo (cf. Mt 1,18; Lc 1,35); no início da sua missão pública, nas margens do Jordão, vê-o descer sobre si em forma de pomba (cf. Mt 3,16 e par.); nesse mesmo Espírito, age, fala e exulta (cf. Lc 10,21); e é nele que Jesus pode oferecer-se a si mesmo (cf. Hb 9,14). No chamado

---

[23] Cf. *Propositio* 3.

[24] Cf. Missal Romano: *Oração Eucarística IV*.

"discurso de despedida" referido por João, Jesus põe claramente em relação o dom da sua vida no mistério pascal com o dom do Espírito aos seus (cf. Jo 16,7). Depois de ressuscitado, trazendo na sua carne os sinais da paixão, pode derramar o Espírito (cf. Jo 20,22), tornando os seus discípulos participantes da mesma missão dele (cf. Jo 20,21). Em seguida, será o Espírito que ensina aos discípulos todas as coisas, recordando-lhes tudo o que Cristo tinha dito (cf. Jo 14,26), porque compete a ele, enquanto Espírito da verdade (cf. Jo 15,26), introduzir os discípulos na verdade total (cf. Jo 16,13). Segundo narram os Atos, o Espírito desce sobre os apóstolos reunidos em oração com Maria no dia de Pentecostes (cf. 2,1-4), e impele-os para a missão de anunciar a boa-nova a todos os povos. Portanto, é em virtude da ação do Espírito que o próprio Cristo continua presente e ativo na sua Igreja, a partir do seu centro vital que é a Eucaristia.

Espírito Santo e celebração eucarística

13. Nesse horizonte, compreende-se a função decisiva que tem o Espírito Santo na celebração eucarística e, de modo particular, no que se refere à transubstanciação. É fácil de comprovar a consciência disso mesmo nos Padres da Igreja; nas suas *Catequeses*, são Cirilo de Jerusalém recorda que "invocamos Deus misericordioso para que envie o seu Santo Espírito sobre as oblações que apresentamos a fim de ele trans-

formar o pão em corpo de Cristo e o vinho em sangue de Cristo. O que o Espírito Santo toca é santificado e transformado totalmente".[25] Também são João Crisóstomo assinala que o sacerdote invoca o Espírito Santo quando celebra o Sacrifício:[26] à semelhança de Elias, o ministro atrai o Espírito Santo para que, "descendo a graça sobre a vítima, se incendeiem por meio dela a alma de todos".[27] É extremamente necessária, para a vida espiritual dos fiéis, uma consciência mais clara da riqueza da anáfora: esta, juntamente com as palavras pronunciadas por Cristo na Última Ceia, contém a epiclese, que é invocação ao Pai para que faça descer o dom do Espírito a fim de o pão e o vinho se tornarem o corpo e o sangue de Jesus Cristo, e para que "a comunidade inteira se torne cada vez mais corpo de Cristo".[28] O Espírito, invocado pelo celebrante sobre os dons do pão e do vinho colocados sobre o altar, é o mesmo que reúne os fiéis "num só corpo", tornando-os uma oferta espiritual agradável ao Pai.[29]

---

[25] *Catequese* 23, 7: *PG* 33, 1114s.

[26] Cf. *Sobre o sacerdócio*, 6, 4: *PG* 48, 681.

[27] Idem, ibidem, 3, 4: op. cit., 48, 642.

[28] *Propositio* 22.

[29] Cf. *Propositio* 42: "Este encontro eucarístico realiza-se no Espírito Santo, que nos transforma e santifica. Ele desperta no discípulo a vontade decidida de anunciar aos outros, com desassombro, tudo o que ouviu e viveu, para conduzi-los, também a eles, ao mesmo encontro com Cristo. Desse modo o discípulo, enviado pela Igreja, abre-se a uma missão sem fronteiras".

Eucaristia e Igreja

Eucaristia, princípio causal da Igreja

14. Através do sacramento eucarístico, Jesus compromete os fiéis na sua própria "hora"; mostra-nos assim a ligação que quis entre ele mesmo e nós, entre a sua pessoa e a Igreja. De fato, o próprio Cristo, no sacrifício da cruz, gerou a Igreja como sua esposa e seu corpo. Os Padres da Igreja meditaram longamente sobre a semelhança que há entre a origem de Eva do lado de Adão adormecido (cf. Gn 2,21-23) e a da nova Eva, a Igreja, do lado aberto de Cristo mergulhado no sono da morte: do seu lado trespassado — narra João — saiu sangue e água (cf. Jo 19,34), símbolo dos sacramentos.[30] Um olhar contemplativo para "aquele que trespassaram" (Jo 19,37) leva-nos a considerar a ligação causal entre o sacrifício de Cristo, a Eucaristia e a Igreja. Com efeito, esta "vive da Eucaristia".[31] Uma vez que nela se torna presente o sacrifício redentor de Cristo, temos de reconhecer antes de mais nada que "existe um influxo causal da Eucaristia nas próprias origens da Igreja".[32] A Eucaristia é Cristo que se dá a

---

[30] Cf. Conc. Ecum. Vat. II, Const. dogm. sobre a Igreja *Lumen gentium*, 3. Veja-se, por exemplo, São João Crisóstomo, *Catequeses* 3, 13-19: *SC* 50, 174-177.

[31] João Paulo II, Carta enc. *Ecclesia de Eucharistia* (17 de abril de 2003), 1: *AAS* 95 (2003), 433.

[32] Idem, ibidem, 21: op. cit., 447.

nós, edificando-nos continuamente como seu corpo. Portanto, na sugestiva circularidade entre a Eucaristia que edifica a Igreja e a própria Igreja que faz a Eucaristia,[33] a causalidade primária está expressa na primeira fórmula: a Igreja pode celebrar e adorar o mistério de Cristo presente na Eucaristia, precisamente porque o próprio Cristo se deu primeiro a ela no sacrifício da cruz. A possibilidade que a Igreja tem de "fazer" a Eucaristia está radicada totalmente na doação que Jesus lhe fez de si mesmo. Também esse aspecto nos persuade de quão verdadeira seja a frase de são João: "Ele amou-nos primeiro" (1Jo 4,19). Desse modo, também nós confessamos, em cada celebração, o primado do dom de Cristo; o influxo causal da Eucaristia, que está na origem da Igreja, revela em última análise a precedência não só cronológica mas também ontológica do amor de Jesus relativamente ao nosso: será, por toda a eternidade, aquele que nos ama primeiro.

Eucaristia e comunhão eclesial

15. A Eucaristia é, pois, constitutiva do ser e do agir da Igreja. Por isso, a antiguidade cristã designava com as mesmas palavras — *corpus Christi* — o corpo nascido da Virgem Maria, o corpo eucarístico e o

---

[33] Cf. João Paulo II, Carta enc. *Redemptor hominis* (4 de março de 1979), 20: *AAS* 71 (1979), 309-316; Carta enc. *Dominicæ Cenæ* (24 de fevereiro de 1980), 4: *AAS* 72 (1980), 119-121.

corpo eclesial de Cristo.³⁴ Bem atestado na tradição, esse dado faz crescer em nós a consciência da indissolubilidade entre Cristo e a Igreja. Oferecendo-se a si mesmo em sacrifício por nós, o Senhor Jesus preanunciou de modo eficaz no seu dom o mistério da Igreja. É significativo o modo como a Oração Eucarística II, ao invocar o Paráclito, formula a prece pela unidade da Igreja: "[...] participando no corpo e sangue de Cristo, sejamos reunidos, pelo Espírito Santo, num só corpo". Essa passagem ajuda a compreender como a eficácia (*res*) do sacramento eucarístico é a unidade dos fiéis na comunhão eclesial. Assim, a Eucaristia aparece na raiz da Igreja como mistério de comunhão.³⁵

O servo de Deus João Paulo II, na sua Encíclica *Ecclesia de Eucharistia*, tinha já chamado a atenção para a relação entre Eucaristia e *communio*: falou do memorial de Cristo como sendo a "suprema manifestação sacramental da comunhão na Igreja".³⁶ A unidade da comunhão eclesial revela-se, concretamente, nas comunidades cristãs e renova-se no ato eucarístico que as une e diferencia em Igrejas particulares, *"in quibus et ex quibus una et unica Ecclesia catholica exsistit* — nas quais e pelas quais existe a Igreja Católica, una e

---

³⁴ Cf. *Propositio* 5.

³⁵ Cf. São Tomás de Aquino, *Summa Theologiæ*, III, q. 80, a. 4.

³⁶ N. 38: *AAS* 95 (2003), 458.

única".[37] É precisamente a realidade da única Eucaristia celebrada em cada diocese ao redor do respectivo bispo que nos faz compreender como as próprias Igrejas particulares subsistam *in* e *ex Ecclesia*. De fato, "a unicidade e indivisibilidade do corpo eucarístico do Senhor implicam a unicidade do seu corpo místico, que é a Igreja una e indivisível. Do centro eucarístico surge a necessária abertura de cada comunidade celebrante, de cada Igreja particular: ao deixar-se atrair pelos braços abertos do Senhor, consegue-se a inserção no seu corpo, único e indiviso".[38] Por esse motivo, na celebração da Eucaristia, cada fiel encontra-se na *sua* Igreja, isto é, na Igreja de Cristo. Nessa perspectiva eucarística, adequadamente entendida, a comunhão eclesial revela-se realidade católica por sua natureza.[39] O fato de sublinhar essa raiz eucarística da comunhão eclesial pode contribuir eficazmente também para o diálogo ecumênico com as Igrejas e com as Comunidades eclesiais que não estão em plena comunhão com

---

[37] Conc. Ecum. Vat. II, Const. dogm. sobre a Igreja *Lumen gentium*, 23.

[38] Congr. para a Doutrina da Fé, Carta sobre alguns aspectos da Igreja entendida como comunhão *Communionis notio* (28 de maio de 1992), 11: *AAS* 85 (1993), 844-845.

[39] *Propositio* 5: "O termo 'católico' exprime a universalidade resultante da unidade que a Eucaristia, celebrada em cada Igreja, fomenta e constrói. Assim, as Igrejas particulares na Igreja universal têm, na Eucaristia, a missão de tornar visível a sua própria unidade e a sua diversidade. Esse laço de amor fraterno deixa transparecer a comunhão trinitária. Os concílios e os sínodos exprimem na história este aspecto fraterno da Igreja".

a Sé de Pedro. Na realidade, a Eucaristia estabelece objetivamente um forte vínculo de unidade entre a Igreja Católica e as Igrejas Ortodoxas, que conservaram genuína e integralmente a natureza do mistério da Eucaristia. Ao mesmo tempo, a relevância dada ao caráter eclesial da Eucaristia pode tornar-se elemento privilegiado também no diálogo com as Comunidades nascidas da Reforma.[40]

Eucaristia e Sacramentos

Sacramentalidade da Igreja

16. O Concílio Vaticano II lembrou que "os restantes sacramentos, assim como todos os ministérios eclesiásticos e obras de apostolado, estão vinculados com a sagrada Eucaristia e a ela se ordenam. Com efeito, na santíssima Eucaristia está contido todo o tesouro espiritual da Igreja, isto é, o próprio Cristo, a nossa Páscoa e o pão vivo que dá aos homens a vida mediante a sua carne vivificada e vivificadora pelo Espírito Santo: assim são eles convidados e levados a oferecer, juntamente com ele, a si mesmos, os seus trabalhos e todas as coisas criadas".[41] Essa relação íntima da Eucaristia com os demais sacramentos e com a existência cristã compreende-se, na sua raiz, quando

---

[40] Cf. idem, ibidem, 5.

[41] Decr. sobre o ministério e a vida dos presbíteros *Presbyterorum ordinis*, 5.

se contempla o mistério da própria Igreja como sacramento.[42] A esse respeito, o referido Concílio afirmou que "a Igreja, em Cristo, é como que o sacramento, ou sinal, e o instrumento da íntima união com Deus e da unidade de todo o gênero humano".[43] Ela, enquanto "povo — como diz são Cipriano — reunido na unidade do Pai e do Filho e do Espírito Santo",[44] é sacramento da comunhão trinitária.

O fato de a Igreja ser "sacramento universal da salvação"[45] mostra que a "economia" sacramental determina, em última análise, o modo como Jesus Cristo único Salvador, por meio do Espírito, alcança a nossa vida na especificidade das suas circunstâncias. A Igreja *recebe-se* e simultaneamente *exprime-se* nos sete sacramentos, pelos quais a graça de Deus influencia concretamente a existência dos fiéis para que toda a sua vida, redimida por Cristo, se torne culto agradável a Deus. Nessa perspectiva, desejo sublinhar aqui alguns elementos, assinalados pelos padres sinodais, que podem ajudar a identificar a relação dos diversos sacramentos com o mistério eucarístico.

---

[42] Cf. *Propositio* 14.

[43] Const. dogm. sobre a Igreja *Lumen gentium*, 1.

[44] *De oratione dominica*, 23: *PL* 4, 553.

[45] Conc. Ecum. Vat. II, Const. dogm. sobre a Igreja *Lumen gentium*, 48; veja-se também o n. 9.

I. Eucaristia e iniciação cristã
Eucaristia, plenitude da iniciação cristã

17. Se verdadeiramente a Eucaristia é fonte e ápice da vida e da missão da Igreja, temos de concluir antes de mais nada que o caminho de iniciação cristã tem como ponto de referência tornar possível o acesso a tal sacramento. A propósito, devemos interrogar-nos — como sugeriram os padres sinodais — se as nossas comunidades cristãs têm suficiente noção do vínculo estreito que há entre Batismo, Confirmação e Eucaristia;[46] de fato, é preciso não esquecer jamais que somos batizados e crismados em ordem à Eucaristia. Esse dado implica o compromisso de favorecer na ação pastoral uma compreensão mais unitária do percurso de iniciação cristã. O sacramento do Batismo, pelo qual somos configurados a Cristo,[47] incorporados na Igreja e feitos filhos de Deus, constitui a porta de acesso a todos os sacramentos; através dele, somos inseridos no único corpo de Cristo (cf. 1Cor 12,13), povo sacerdotal. Mas é a participação no sacrifício eucarístico que aperfeiçoa, em nós, o que recebemos no Batismo. Também os dons do Espírito são concedidos para a edificação do corpo de Cristo (cf. 1Cor 12) e o crescimento do testemunho

---

[46] Cf. *Propositio* 13.
[47] Cf. Conc. Ecum. Vat. II, Const. dogm. sobre a Igreja *Lumen gentium*, 7.

evangélico no mundo.[48] Portanto, a santíssima Eucaristia leva à plenitude a iniciação cristã e coloca-se como centro e termo de toda a vida sacramental.[49]

A ordem dos sacramentos da iniciação

18. A esse respeito, é necessário prestar atenção ao tema da ordem dos sacramentos da iniciação. Na Igreja, há tradições diferentes; essa diversidade é patente nos costumes eclesiais do Oriente[50] e na prática ocidental para a iniciação dos adultos,[51] se comparada com a das crianças.[52] Contudo, tais diferenças não são propriamente de ordem dogmática, mas de caráter pastoral. Em concreto, é necessário verificar qual seja a prática que melhor pode, efetivamente, ajudar os fiéis a colocarem no centro o sacramento da Eucaristia, como realidade para qual tende toda a iniciação; em estreita colaboração com os Dicastérios competentes da Cúria Romana, as Conferências Episcopais verifiquem a eficácia dos percursos de iniciação atuais, para que o cristão seja ajudado, pela ação educativa das nossas comunidades, a maturar cada vez mais até chegar a

---

[48] Cf. idem, ibidem, 11; Decr. sobre a atividade missionária da Igreja *Ad gentes*, 9.13.

[49] Cf. João Paulo II, Carta ap. *Dominicæ Cenæ* (24 de fevereiro de 1980), 7: *AAS* 72 (1980), 124-127; Conc. Ecum. Vat. II, Decr. sobre o ministério e a vida dos presbíteros *Presbyterorum ordinis*, 5.

[50] Cf. *Código dos Cânones das Igrejas Orientais*, cân. 710.

[51] Cf. *Rito da Iniciação Cristã dos Adultos*, Introd. ger., nn. 34-36.

[52] Cf. *Rito do Batismo das Crianças*, Introd., nn. 18-19.

assumir na sua vida uma orientação autenticamente eucarística, de tal modo que seja capaz de dar razão da própria esperança de maneira adequada ao nosso tempo (cf. 1Pd 3,15).

Iniciação, comunidade eclesial e família

19. É preciso ter sempre presente que toda a iniciação cristã é caminho de conversão que há de ser realizada com a ajuda de Deus e em constante referimento à comunidade eclesial, quer quando é o adulto que pede para entrar na Igreja, como acontece nos lugares de primeira evangelização e em muitas zonas secularizadas, quer quando são os pais a pedir os sacramentos para seus filhos. A esse respeito, desejo chamar a atenção sobretudo para a relação entre iniciação cristã e família; na ação pastoral, sempre se deve associar a família cristã ao itinerário de iniciação. Receber o Batismo, a Confirmação e abeirar-se pela primeira vez da Eucaristia são momentos decisivos não só para a pessoa que os recebe mas também para toda a sua família; esta deve ser sustentada, na sua tarefa educativa, pela comunidade eclesial em seus diversos componentes.[53] Quero sublinhar aqui a relevância da Primeira Comunhão; para inúmeros fiéis, esse dia permanece, justamente, gravado na memória como o primeiro momento em que se percebeu, embora de

---

[53] Cf. *Propositio* 15.

forma ainda inicial, a importância do encontro pessoal com Jesus. A pastoral paroquial deve valorizar adequadamente essa ocasião tão significativa.

II. Eucaristia e sacramento da Reconciliação
Sua ligação intrínseca

20. Os padres sinodais afirmaram, justamente, que o amor à Eucaristia leva a apreciar cada vez mais também o sacramento da Reconciliação.[54] Por causa da ligação entre ambos os sacramentos, uma catequese autêntica acerca do sentido da Eucaristia não pode ser separada da proposta de um caminho penitencial (cf. 1Cor 11,27-29). Constatamos — é certo — que, no nosso tempo, os fiéis se encontram imersos numa cultura que tende a cancelar o sentido do pecado,[55] favorecendo um estado de espírito superficial que leva a esquecer a necessidade de estar na graça de Deus para se aproximar dignamente da comunhão sacramental.[56] Na realidade, a perda da consciência do pecado engloba sempre também uma certa superficialidade na compreensão do próprio amor de Deus. É muito útil para os fiéis recordar-lhes os elementos

---

[54] Cf. *Propositio* 7; João Paulo II, Carta enc. *Ecclesia de Eucharistia* (17 de abril de 2003), 36: *AAS* 95 (2003), 457-458.

[55] Cf. João Paulo II, Exort. ap. pós-sinodal *Reconciliatio et pœnitentia* (2 de dezembro de 1984), 18: *AAS* 77 (1985), 224-228.

[56] Cf. *Catecismo da Igreja Católica*, 1385.

que, no rito da Santa Missa, explicitam a consciência do próprio pecado e, simultaneamente, da misericórdia de Deus.⁵⁷ Além disso, a relação entre a Eucaristia e a Reconciliação recorda-nos que o pecado nunca é uma realidade exclusivamente individual, mas inclui sempre também uma ferida no seio da comunhão eclesial, na qual nos encontramos inseridos pelo Batismo. Por isso, como diziam os Padres da Igreja, a Reconciliação é um batismo laborioso (*laboriosus quidam batismus*),⁵⁸ sublinhando assim que o resultado do caminho de conversão é também o restabelecimento da plena comunhão eclesial, que se exprime no abeirar-se novamente da Eucaristia.⁵⁹

---

⁵⁷ Pense-se na "*Confissão*" (*Confiteor*) ou nas palavras proferidas pelo sacerdote e a assembléia pouco antes de comungarem: "*Senhor, eu não sou digno de que entreis em minha morada, mas dizei uma palavra e serei salvo*". Significativamente a liturgia prevê, para o sacerdote, algumas orações muito belas, recebidas da tradição, que lhe recordam a necessidade de ser perdoado, como, por exemplo, a oração feita em silêncio antes de convidar os fiéis para a comunhão sacramental: "[...] *livrai-me de todos os meus pecados e de todo o mal, por este vosso santíssimo corpo e sangue; conservai-me sempre fiel aos vossos mandamentos e não permitais que eu me separe de vós*".

⁵⁸ Cf. São João Damasceno, *Sobre a reta fé*, 4, 9: *PG* 94, 1124C; São Gregório de Nazianzo, *Discurso* 39, 17: *PG* 36, 356A; Conc. Ecum. de Trento, *Doctrina de sacramento pænitentiæ*, cap. 2: *DS* 1672.

⁵⁹ Cf. Conc. Ecum. Vat. II, Const. dogm. sobre a Igreja *Lumen gentium*, 11; João Paulo II, Exort. ap. pós-sinodal *Reconciliatio et pænitentia* (2 de dezembro de 1984), 30: *AAS* 77 (1985), 256-257.

Alguns cuidados pastorais

21. O Sínodo lembrou que é dever pastoral do bispo promover na sua diocese uma decisiva recuperação da pedagogia da conversão que nasce da Eucaristia e favorecer entre os fiéis a confissão freqüente. Todos os sacerdotes se dediquem com generosidade, empenho e competência à administração do sacramento da Reconciliação.[60] A propósito, procure-se que, nas nossas igrejas, os confessionários sejam bem visíveis e expressivos do significado desse sacramento. Peço aos pastores que vigiem atentamente sobre a celebração do sacramento da Reconciliação, limitando a prática da absolvição geral exclusivamente aos casos previstos,[61] permanecendo como forma ordinária de absolvição apenas a pessoal.[62] Visto a necessidade de descobrir novamente o perdão sacramental, haja em todas as dioceses o *Penitenciário*.[63] Por último, pode servir de válida ajuda para a nova tomada de consciência dessa relação entre a Eucaristia e a Reconciliação uma

---

[60] Cf. *Propositio* 7.

[61] Cf. João Paulo II, Motu proprio *Misericordia Dei* (7 de abril de 2002): *AAS* 94 (2002), 452-459.

[62] Lembro, juntamente com os padres sinodais, que as celebrações penitenciais não sacramentais, mencionadas no ritual do sacramento da Reconciliação, podem ser úteis para fomentar o espírito de conversão e de comunhão nas comunidades cristãs, preparando assim os corações para a celebração do sacramento: cf. *Propositio* 7.

[63] Cf. *Código de Direito Canônico*, cân. 508.

prática equilibrada e conscienciosa da *indulgência*, lucrada a favor de si mesmo ou dos defuntos. Com ela, obtém-se "a remissão, perante Deus, da pena temporal devida aos pecados, cuja culpa já foi apagada".[64] O uso das indulgências ajuda-nos a compreender que não somos capazes, só com as nossas forças, de reparar o mal cometido e que os pecados de cada um causam dano a toda a comunidade; além disso, a prática da indulgência, implicando a doutrina dos méritos infinitos de Cristo, bem como a da comunhão dos santos, mostra-nos "quanto estejamos, em Cristo, intimamente unidos uns aos outros e quanto a vida sobrenatural de cada um possa aproveitar aos outros".[65] Dado que a forma própria da indulgência prevê, entre as condições requeridas, o abeirar-se da confissão e da comunhão sacramental, a sua prática pode sustentar eficazmente os fiéis no caminho da conversão e na descoberta da centralidade da Eucaristia na vida cristã.

III. Eucaristia e Unção dos Enfermos

22. Jesus não se limitou a enviar os seus discípulos a curar os doentes (cf. Mt 10,8; Lc 9,2; 10,9), mas instituiu para eles também um sacramento específico:

---

[64] Paulo VI, Const. ap. *Indulgentiarum doctrina* (1º de janeiro de 1967), *Normæ*, 1: *AAS* 59 (1967), 21.

[65] Idem, ibidem, 9: op. cit., 18-19.

a Unção dos Enfermos.[66] A Carta de Tiago testemunha a presença desse gesto sacramental já na comunidade cristã primitiva (cf. 5,14-16). Se a Eucaristia mostra como os sofrimentos e a morte de Cristo foram transformados em amor, a Unção dos Enfermos, por seu lado, associa o doente à oferta que Cristo fez de si mesmo pela salvação de todos, de tal modo que possa também ele, no mistério da comunhão dos santos, participar na redenção do mundo. A relação entre ambos os sacramentos aparece ainda mais clara quando se agrava a doença: "Àqueles que vão deixar esta vida, a Igreja oferece-lhes, além da Unção dos Enfermos, a Eucaristia como viático".[67] Nessa passagem para o Pai, a comunhão no corpo e sangue de Cristo aparece como semente de vida eterna e força de ressurreição: "Quem come a minha carne e bebe o meu sangue tem a vida eterna; e eu o ressuscitarei no último dia" (Jo 6,54). Uma vez que o sagrado Viático desvenda ao doente a plenitude do mistério pascal, é preciso assegurar a sua administração.[68] A atenção e o cuidado pastoral por aqueles que se encontram doentes redunda, seguramente, em benefício espiritual de toda a comunidade, sabendo que tudo o que fizermos ao mais pequenino, ao próprio Jesus o faremos (cf. Mt 25,40).

---

[66] Cf. *Catecismo da Igreja Católica*, 1499-1531.
[67] Idem, ibidem, 1524.
[68] Cf. *Propositio* 44.

IV. Eucaristia e sacramento da Ordem
Na pessoa de Cristo cabeça

23. O vínculo intrínseco entre a Eucaristia e o sacramento da Ordem deduz-se das próprias palavras de Jesus no Cenáculo: "Fazei isto em memória de mim" (Lc 22,19). De fato, na vigília da sua morte, ele instituiu a Eucaristia e ao mesmo tempo fundou *o sacerdócio da Nova Aliança*. Jesus é sacerdote, vítima e altar: mediador entre Deus-Pai e o povo (cf. Hb 5,5-10), vítima de expiação (cf. 1Jo 2,2; 4,10) que se oferece a si mesma no altar da cruz. Ninguém pode dizer "isto é o meu corpo" e "este é o cálice do meu sangue" senão em nome e na pessoa de Cristo, único sumo sacerdote da nova e eterna Aliança (cf. Hb 8–9). O Sínodo dos Bispos já se ocupara, noutras assembléias, do sacerdócio ordenado no que diz respeito tanto à identidade do ministério[69] como à formação dos candidatos.[70] Na presente circunstância importa-me, à luz do diálogo realizado no âmbito da última assembléia sinodal, sublinhar alguns valores que têm a ver com a relação entre o sacramento eucarístico e a Ordem. Antes de mais nada, é necessário reafirmar que a ligação entre

---

[69] Cf. II Assembléia Geral Ordinária do Sínodo dos Bispos, Doc. sobre o sacerdócio ministerial *Ultimis temporibus* (30 de novembro de 1971): *AAS* 63 (1971), 898-942.

[70] Cf. João Paulo II, Exort. ap. pós-sinodal *Pastores dabo vobis* (25 de março de 1992), 42-69: *AAS* 84 (1992), 729-778.

a Ordem sacra e *a Eucaristia* é visível precisamente na Missa que o bispo ou o presbítero preside *na pessoa de Cristo cabeça* (*in persona Christi capitis*).

A doutrina da Igreja considera a ordenação sacerdotal condição indispensável para a celebração válida da Eucaristia.[71] De fato, "no serviço eclesial do ministro ordenado, é o próprio Cristo que está presente à sua Igreja, como cabeça do seu corpo, pastor do seu rebanho, sumo sacerdote do sacrifício redentor".[72] Certamente o ministro ordenado "age também em nome de toda a Igreja, quando apresenta a Deus a oração da mesma Igreja e, sobretudo, quando oferece o sacrifício eucarístico".[73] Por isso, é necessário que os sacerdotes tenham consciência de que, em todo o seu ministério, nunca devem colocar em primeiro plano a sua pessoa nem as suas opiniões, mas Jesus Cristo. Contradiz a identidade sacerdotal toda tentativa de se colocarem a si mesmos como protagonistas da ação litúrgica. Aqui, mais do que nunca, o sacerdote é servo e deve continuamente empenhar-se por ser sinal que, como dócil instrumento nas mãos de Cristo, aponta para ele. Isso exprime-se de modo particular na humildade com

---

[71] Cf. Conc. Ecum. Vat. II, Const. dogm. sobre a Igreja *Lumen gentium*, 10; Congr. para a Doutrina da Fé, Carta acerca de algumas questões relativas ao ministro da Eucaristia *Sacerdotium ministeriale* (6 de agosto de 1983): *AAS* 75 (1983), 1001-1009.

[72] *Catecismo da Igreja Católica*, 1548.

[73] Idem, ibidem, 1552.

que o sacerdote conduz a ação litúrgica, obedecendo ao rito, aderindo ao mesmo com o coração e a mente, evitando tudo o que possa dar a sensação de um seu inoportuno protagonismo. Recomendo, pois, ao clero que não cesse de aprofundar a consciência do seu ministério eucarístico como um serviço humilde a Cristo e à sua Igreja. O sacerdócio, como dizia santo Agostinho, é um serviço de amor (*amoris officium*),[74] é o serviço do bom pastor, que oferece a vida pelas ovelhas (cf. Jo 10,14-15).

Eucaristia e celibato sacerdotal

24. Os padres sinodais quiseram sublinhar como o sacerdócio ministerial requer, através da ordenação, a plena configuração a Cristo. Embora respeitando a prática e tradição oriental diferente, é necessário reiterar o sentido profundo do celibato sacerdotal, justamente considerado uma riqueza inestimável e confirmado também pela prática oriental de escolher os bispos apenas de entre aqueles que vivem no celibato, indício da grande honra em que ela tem a opção do celibato feita por numerosos presbíteros. Com efeito, nessa opção do sacerdote encontram expressão peculiar a dedicação que o conforma a Cristo e a oferta exclusiva de si mesmo pelo Reino de Deus.[75] O fato de o próprio

---

[74] Cf. *In Iohannis Evangelium Tractatus* 123, 5: *PL* 35, 1967.

[75] Cf. *Propositio* 11.

Cristo, eterno sacerdote, ter vivido a sua missão até o sacrifício da cruz no estado de virgindade constitui o ponto seguro de referência para perceber o sentido da tradição da Igreja Latina a tal respeito. Assim, não é suficiente compreender o celibato sacerdotal em termos meramente funcionais; na realidade, constitui uma especial conformação ao estilo de vida do próprio Cristo. Antes de mais nada, semelhante opção é esponsal: a identificação com o coração de Cristo Esposo que dá a vida pela sua Esposa. Em sintonia com a grande tradição eclesial, com o Concílio Vaticano II[76] e com os Sumos Pontífices[77] meus predecessores, corroboro a beleza e a importância de uma vida sacerdotal vivida no celibato como sinal expressivo de dedicação total e exclusiva a Cristo, à Igreja e ao Reino de Deus, e, conseqüentemente, confirmo a sua obrigatoriedade para a tradição latina. O celibato sacerdotal, vivido com maturidade, alegria e dedicação, é uma bênção enorme para a Igreja e para a própria sociedade.

---

[76] Cf. Decr. sobre o ministério e a vida dos presbíteros *Presbyterorum ordinis*, 16.

[77] Cf. João XXIII, Carta enc. *Sacerdotii nostri primordia* (1º de agosto de 1959): *AAS* 51 (1959), 545-579; Paulo VI, Carta enc. *Sacerdotalis cœlibatus* (24 de junho de 1967): *AAS* 59 (1967), 657-697; João Paulo II, Exort. ap. pós-sinodal *Pastores dabo vobis* (25 de março de 1992), 29: *AAS* 84 (1992), 703-705; Bento XVI, *Discurso à Cúria Romana durante a apresentação dos votos natalícios* (22 de dezembro de 2006): *L'Osservatore Romano* (ed. port. de 30/12/2006), 658.

Escassez de clero e pastoral vocacional

25. A propósito da ligação entre o sacramento da Ordem e a Eucaristia, o Sínodo deteve-se sobre a dolorosa situação que tem surgido em diversas dioceses que enfrentam uma escassez de sacerdotes. Isso acontece não só em algumas zonas de primeira evangelização mas também em muitos países de longa tradição cristã. Para a solução do problema contribui certamente uma distribuição mais eqüitativa do clero; mas, para isso, é preciso um trabalho de sensibilização capilar. Os bispos empenhem nas necessidades pastorais os institutos de vida consagrada e as novas realidades eclesiais, no respeito do respectivo carisma, e solicitem todos os membros do clero a uma disponibilidade maior para irem servir a Igreja nos lugares onde houver necessidade, sem olhar para sacrifícios.[78] Além disso, o Sínodo debruçou-se também sobre os cuidados pastorais a ter principalmente com os jovens para favorecer a sua abertura interior à vocação sacerdotal. A solução para tal carestia não se pode encontrar em meros estratagemas pragmáticos; deve-se evitar que os bispos, levados por compreensíveis preocupações funcionais devido à falta de clero, acabem por não realizar um adequado discernimento vocacional, admitindo à formação específica e à ordenação candidatos que não

---

[78] Cf. *Propositio* 11.

possuam as características necessárias para o serviço sacerdotal.[79] Um clero insuficientemente formado e admitido à ordenação sem o necessário discernimento dificilmente poderá oferecer um testemunho capaz de suscitar noutros o desejo de generosa correspondência à vocação de Cristo. Na realidade, a pastoral vocacional deve empenhar a comunidade cristã em todos os seus âmbitos.[80] Obviamente, no referido trabalho pastoral capilar, está incluída também a obra de sensibilização das famílias, muitas vezes indiferentes, se não mesmo contrárias, à hipótese da vocação sacerdotal. Que elas se abram com generosidade ao dom da vida e eduquem os filhos para serem disponíveis à vontade de Deus! Em resumo, é preciso sobretudo ter a coragem de propor aos jovens o seguimento radical de Cristo, mostrando-lhes o seu encanto.

---

[79] Cf. Conc. Ecum. Vat. II, Decr. sobre a formação sacerdotal *Optatam totius*, 6; *Código de Direito Canônico*, cân. 241-§ 1 e cân. 1029; *Código dos Cânones das Igrejas Orientais*, cân. 342-§ 1 e cân. 758; João Paulo II, Exort. ap. pós-sinodal *Pastores dabo vobis* (25 de março de 1992), 11.34.50: *AAS* 84 (1992), 673-675.712714.746-748; Congr. para o Clero, *Diretório para o ministério e a vida dos presbíteros* (31 de março de 1994), n. 58; Congr. para a Educação Católica, *Instr. sobre os critérios de discernimento vocacional acerca das pessoas com tendências homossexuais e da sua admissão ao Seminário e às Ordens Sacras* (4 de novembro de 2005): *AAS* 97 (2005), 1007-1013.

[80] Cf. *Propositio* 12; João Paulo II, Exort. ap. pós-sinodal *Pastores dabo vobis* (25 de março de 1992), 41: *AAS* 84 (1992), 726-729.

Gratidão e esperança

26. Enfim, é necessário ter maior fé e esperança na iniciativa divina. Apesar da escassez de clero que se verifica em algumas regiões, não deve esmorecer jamais a confiança de que Cristo continua a suscitar homens que não hesitam em abandonar qualquer outra ocupação para dedicar-se totalmente à celebração dos mistérios sagrados, à pregação do Evangelho e ao ministério pastoral. Nessa ocasião, desejo dar voz à gratidão da Igreja inteira por todos os bispos e presbíteros que cumprem, com fiel dedicação e empenho, a própria missão. Naturalmente, este agradecimento da Igreja estende-se também aos diáconos, a quem são impostas as mãos "não em ordem ao sacerdócio mas ao ministério".[81] Como recomendou a assembléia do Sínodo, dirijo um obrigado especial aos presbíteros *fidei donum* que edificam a comunidade, com competência e generosa dedicação, anunciando-lhe a Palavra de Deus e repartindo o pão da vida, sem pouparem as suas energias ao serviço da missão da Igreja.[82] Por fim, é preciso agradecer a Deus pelos numerosos sacerdotes que tiveram de sofrer até o sacrifício da vida por servir a Cristo. Neles se manifesta, com a eloqüência dos fatos, o que significa ser sacerdote a fundo; trata-se de

---

[81] Conc. Ecum. Vat. II, Const. dogm. sobre a Igreja *Lumen gentium*, 29.
[82] Cf. *Propositio* 38.

comoventes testemunhos que poderão inspirar muitos jovens a seguirem por sua vez a Cristo e gastarem a sua vida pelos outros, encontrando precisamente assim a vida verdadeira.

V. Eucaristia e Matrimônio

Eucaristia, sacramento esponsal

27. A Eucaristia, sacramento da caridade, apresenta uma relação particular com o amor do homem e da mulher unidos em Matrimônio. Aprofundar tal relação é uma necessidade do nosso tempo.[83] Várias vezes o Papa João Paulo II teve ocasião de afirmar o caráter esponsal da Eucaristia e a sua relação peculiar com o sacramento do Matrimônio: "A Eucaristia é o sacramento da nossa redenção. É o sacramento do Esposo, da Esposa".[84] Aliás, "toda a vida cristã tem a marca do amor esponsal entre Cristo e a Igreja. Já o Batismo, entrada no povo de Deus, é um mistério nupcial; é, por assim dizer, o banho de núpcias que precede o banquete das bodas, a Eucaristia".[85] Esta corrobora de forma inexaurível a unidade e o amor indissolúveis de cada matrimônio cristão. Neste, em virtude do sacramento,

---

[83] Cf. João Paulo II, Exort. ap. pós-sinodal *Familiaris consortio* (22 de novembro de 1981), 57: *AAS* 74 (1982), 149-150.

[84] Carta ap. *Mulieris dignitatem* (15 de agosto de 1988), 26: *AAS* 80 (1988), 1715-1716.

[85] *Catecismo da Igreja Católica*, 1617.

o vínculo conjugal está intrinsecamente ligado com a união eucarística entre Cristo esposo e a Igreja esposa (cf. Ef 5,31-32). O consentimento recíproco, que o marido e a esposa trocam entre si em Cristo constituindo-os em comunidade de vida e de amor, tem também uma dimensão eucarística; com efeito, na teologia paulina, o amor esponsal é sinal sacramental do amor de Cristo pela sua Igreja, um amor que tem o seu ponto culminante na cruz, expressão das suas "núpcias" com a humanidade e, ao mesmo tempo, origem e centro da Eucaristia. Por isso, a Igreja manifesta uma particular solidariedade espiritual a todos aqueles que fundaram a sua família sobre o sacramento do Matrimônio.[86] A família — igreja doméstica[87] — é um âmbito primário da vida da Igreja, especialmente pelo papel decisivo que tem na educação cristã dos filhos.[88] Nesse contexto, o Sínodo recomendou também o reconhecimento da missão singular que tem a mulher na família e na sociedade, missão essa que há de ser protegida, salvaguardada e promovida.[89] A sua dimensão de esposa e mãe constitui uma realidade imprescindível, que nunca deve ser desprezada.

---

[86] Cf. *Propositio* 8.

[87] Cf. Conc. Ecum. Vat. II, Const. dogm. sobre a Igreja *Lumen gentium*, 11.

[88] Cf. *Propositio* 8.

[89] Cf. João Paulo II, Carta ap. *Mulieris dignitatem* (15 de agosto de 1988): *AAS* 80 (1988), 1653-1729; Congr. para a Doutrina da Fé, *Carta aos bispos da Igreja Católica sobre a colaboração do homem e da mulher na Igreja e no mundo* (31 de maio de 2004): *AAS* 96 (2004), 671-687.

Eucaristia e unidade do Matrimônio

28. É precisamente à luz dessa relação intrínseca entre Matrimônio, família e Eucaristia que se podem considerar alguns problemas pastorais. O vínculo fiel, indissolúvel e exclusivo que une Cristo e a Igreja e tem expressão sacramental na Eucaristia está em harmonia com o dado antropológico primordial segundo o qual o homem deve unir-se de modo definitivo com uma só mulher, e vice-versa (cf. Gn 2,24; Mt 19,5). Nessa linha de pensamento, o Sínodo dos Bispos debruçou-se sobre a prática pastoral que deve ser seguida com as pessoas originárias de culturas onde é praticada a poligamia e que recebem o anúncio do Evangelho: quantos vivem em tal situação e se abrem à fé cristã devem ser ajudados a integrar o seu projeto humano na novidade radical de Cristo; no percurso do catecumenato, Cristo alcança-os na sua condição específica e chama-os à verdade plena do amor passando através das renúncias que são necessárias para chegarem à comunhão eclesial perfeita. A Igreja acompanha-os com uma pastoral imbuída simultaneamente de suavidade e de firmeza,[90] mostrando-lhes sobretudo a luz dos mistérios cristãos que se reflete sobre a natureza e os afetos humanos.

---

[90] Cf. *Propositio* 9.

Eucaristia e indissolubilidade do Matrimônio

29. Se a Eucaristia exprime a irreversibilidade do amor de Deus em Cristo pela sua Igreja, compreende-se por que motivo a mesma implique, relativamente ao sacramento do Matrimônio, aquela indissolubilidade a que todo o amor verdadeiro não pode deixar de anelar.[91] Por isso, é mais que justificada a atenção pastoral que o Sínodo reservou às dolorosas situações em que se encontram não poucos fiéis que, depois de ter celebrado o sacramento do Matrimônio, se divorciaram e contraíram novas núpcias. Trata-se de um problema pastoral espinhoso e complexo, uma verdadeira chaga do ambiente social contemporâneo que vai progressivamente corroendo os próprios ambientes católicos. Os pastores, por amor da verdade, são obrigados a discernir bem as diferentes situações, para ajudar espiritualmente e de modo adequado os fiéis implicados.[92] O Sínodo dos Bispos confirmou a prática da Igreja, fundada na Sagrada Escritura (cf. Mc 10,2-12), de não admitir aos sacramentos os divorciados recasados, porque o seu estado e condição de vida contradizem objetivamente aquela união de amor entre Cristo e a Igreja,

---

[91] Cf. *Catecismo da Igreja Católica*, 1640.

[92] Cf. João Paulo II, Exort. ap. pós-sinodal *Familiaris consortio* (22 de novembro de 1981), 84: *AAS* 74 (1982), 184-186; Congr. para a Doutrina da Fé, Carta aos bispos da Igreja Católica acerca da recepção da comunhão eucarística pelos fiéis divorciados recasados *Annus internationalis familiæ* (14 de setembro de 1994): *AAS* 86 (1994), 974-979.

que é significada e realizada na Eucaristia. Todavia os divorciados recasados, não obstante a sua situação, continuam a pertencer à Igreja, que os acompanha com especial solicitude na esperança de que cultivem, quanto possível, um estilo cristão de vida, através da participação na Santa Missa, ainda que sem receber a comunhão, da escuta da Palavra de Deus, da adoração eucarística, da oração, da cooperação na vida comunitária, do diálogo franco com um sacerdote ou um mestre de vida espiritual, da dedicação ao serviço da caridade, das obras de penitência, do empenho na educação dos filhos.

Nos casos em que surjam legitimamente dúvidas sobre a validade do Matrimônio sacramental contraído, deve fazer-se tudo o que for necessário para verificar o fundamento das mesmas. Há que assegurar, pois, no pleno respeito do direito canônico,[93] a presença no território dos tribunais eclesiásticos, o seu caráter pastoral, a sua atividade correta e pressurosa;[94] é necessário haver, em cada diocese, um número suficiente de pessoas preparadas para o solícito funcionamento dos tribunais eclesiásticos. Recordo que "é uma obrigação grave tornar a atuação institucional da Igreja

---

[93] Cf. Pont. Cons. para os Textos Legislativos, Instr. sobre as normas a observar pelos tribunais eclesiásticos nas causas matrimoniais *Dignitatis connubii* (25 de janeiro de 2005), Cidade do Vaticano, 2005.
[94] Cf. *Propositio* 40.

nos tribunais cada vez mais acessível aos fiéis".[95] No entanto, é preciso evitar que a preocupação pastoral seja vista como se estivesse em contraposição com o direito; ao contrário, deve-se partir do pressuposto de que o ponto fundamental de encontro entre direito e pastoral é *o amor pela verdade*: com efeito, esta nunca é abstrata, mas "integra-se no itinerário humano e cristão de cada fiel".[96] Enfim, caso não seja reconhecida a nulidade do vínculo matrimonial e se verifiquem condições objetivas que tornam realmente irreversível a convivência, a Igreja encoraja esses fiéis a esforçarem-se por viver a sua relação segundo as exigências da lei de Deus, como amigos, como irmão e irmã; desse modo poderão novamente abeirar-se da mesa eucarística, com os cuidados previstos por uma comprovada prática eclesial. Para que tal caminho se torne possível e dê frutos, deve ser apoiado pela ajuda dos pastores e por adequadas iniciativas eclesiais, evitando, em todo o caso, de abençoar essas relações para que não surjam entre os fiéis confusões acerca do valor do Matrimônio.[97]

Vista a complexidade do contexto cultural em que vive a Igreja em muitos países, o Sínodo recomendou

---

[95] Bento XVI, *Discurso ao Tribunal da Rota Romana por ocasião da inauguração do ano judicial* (28 de janeiro de 2006): *AAS* 98 (2006), 138.

[96] *Propositio* 40.

[97] Cf. idem, ibidem, 40.

ainda que se tivesse o máximo cuidado pastoral com a formação dos nubentes e a verificação prévia das suas convicções sobre os compromissos irrenunciáveis para a validade do sacramento do Matrimônio. Um sério discernimento a tal respeito poderá evitar que impulsos emotivos ou razões superficiais induzam os dois jovens a assumir responsabilidades que depois não poderão honrar.[98] Demasiado grande é o bem que a Igreja e a sociedade inteira esperam do Matrimônio e da família fundada sobre o mesmo para não nos comprometermos a fundo nesse âmbito pastoral específico; Matrimônio e família são instituições cuja verdade deve ser promovida e defendida de qualquer equívoco, porque todo o dano a elas causado é realmente uma ferida que se inflige à convivência humana como tal.

Eucaristia e escatologia

Eucaristia, dom para o homem a caminho

30. Se é certo que os sacramentos são uma realidade que pertence à Igreja peregrina no tempo[99] rumo à plena manifestação da vitória de Cristo ressuscitado, é igualmente verdade que, sobretudo na liturgia eucarística, nos é dado saborear antecipadamente a consumação escatológica para a qual todo homem e a criação

---

[98] Cf. idem, ibidem, 40.
[99] Cf. Conc. Ecum. Vat. II, Const. dogm. sobre a Igreja *Lumen gentium*, 48.

inteira estão a caminho (cf. Rm 8,19s). O homem é criado para a felicidade verdadeira e eterna, que só o amor de Deus pode dar; mas a nossa liberdade ferida extraviar-se-ia se não lhe fosse possível experimentar, já desde agora, algo da consumação futura. Aliás, para poder caminhar na direção justa, o homem necessita estar orientado para a meta final; esta, na realidade, é o próprio Cristo Senhor, vencedor do pecado e da morte, que se torna presente para nós de maneira especial na celebração eucarística. Desse modo, embora sejamos ainda "estrangeiros e peregrinos" (1Pd 2,11) neste mundo, pela fé participamos já da plenitude da vida ressuscitada. O banquete eucarístico, ao revelar a sua dimensão intensamente escatológica, vem em ajuda da nossa liberdade a caminho.

O banquete escatológico

31. Refletindo sobre este mistério, podemos dizer que Cristo, com a sua vinda, se colocou em sintonia com a expectativa presente no povo de Israel, na humanidade inteira e fundamentalmente na própria criação. Com o dom de si mesmo, inaugurou objetivamente o tempo escatológico. Cristo veio chamar à unidade o povo de Deus que andava disperso (cf. Jo 11,52), manifestando claramente a intenção de congregar a comunidade da aliança para dar cumprimento às promessas feitas por Deus a nossos pais (cf. Jr 23,3; 31,10; Lc 1,55.70). Com o chamado dos Doze — número que

evoca as doze tribos de Israel — e o mandato que lhes confiou na Última Ceia, antes da sua paixão redentora, de celebrarem o seu memorial, Jesus manifestou que queria transferir, para a comunidade inteira por ele fundada, a missão de ser, na história, sinal e instrumento da reunificação escatológica que nele teve início. Por isso, em cada celebração eucarística, realiza-se sacramentalmente a unificação escatológica do povo de Deus. Para nós, o banquete eucarístico é uma antecipação real do banquete final, preanunciado pelos profetas (cf. Is 25,6-9) e descrito no Novo Testamento como "as núpcias do Cordeiro" (Ap 19,7-9) que se hão de celebrar na comunhão dos santos.[100]

Oração pelos defuntos

32. A celebração eucarística, na qual anunciamos a morte do Senhor e proclamamos a sua ressurreição enquanto aguardamos a sua vinda gloriosa, é penhor da glória futura, quando mesmo os nossos corpos serão glorificados. Ao celebrarmos o memorial da nossa salvação, reforça-se em nós a esperança da ressurreição da carne juntamente com a possibilidade de encontrarmos de novo, face a face, aqueles que nos precederam com o sinal da fé. Nessa linha, queria, juntamente com os padres sinodais, lembrar a todos os fiéis a importância da oração de sufrágio, particularmente a celebração de

---

[100] Cf. *Propositio* 3.

Missas, pelos defuntos para que, purificados, possam chegar à visão beatífica de Deus.[101] Sempre que descobrimos de novo a dimensão escatológica presente na Eucaristia, celebrada e adorada, somos apoiados no nosso caminho e confortados na esperança da glória (cf. Rm 5,2; Tt 2,13).

A Eucaristia e a Virgem Maria

33. Da relação entre a Eucaristia e os demais sacramentos juntamente com o significado escatológico dos santos mistérios, irrompe o perfil da vida cristã, chamada a ser em cada instante culto espiritual, oferta de si mesma agradável a Deus. E, se é verdade que nos encontramos todos ainda a caminho rumo à plena consumação da nossa esperança, isso não impede de podermos já agora reconhecer, com gratidão, que tudo aquilo que Deus nos deu se realizou perfeitamente na Virgem Maria, Mãe de Deus e nossa: a sua assunção ao céu em corpo e alma é, para nós, sinal de segura esperança, enquanto nos aponta a nós, peregrinos no tempo, aquela meta escatológica que o sacramento da Eucaristia desde já nos faz saborear.

---

[101] Apraz-me recordar aqui as palavras cheias de esperança e conforto que encontramos na Oração Eucarística II: *"Lembrai-vos dos nossos irmãos que adormeceram na esperança da ressurreição e de todos aqueles que, na vossa misericórdia, partiram deste mundo. Acolhei-os na luz da vossa presença"*.

Em Maria Santíssima, vemos perfeitamente realizada também a modalidade sacramental com que Deus alcança e envolve na sua iniciativa salvífica a criatura humana. Desde a anunciação até Pentecostes, Maria de Nazaré aparece como uma pessoa cuja liberdade está completamente disponível à vontade de Deus; a sua Imaculada Conceição revela-se propriamente na docilidade incondicional à palavra divina. A fé obediente é a forma que a sua vida assume em cada instante perante a ação de Deus: Virgem à escuta, ela vive em plena sintonia com a vontade divina; conserva no seu coração as palavras que lhe chegam da parte de Deus e, dispondo-as à maneira de um mosaico, aprende a compreendê-las mais a fundo (cf. Lc 2,19.51); Maria é a grande Crente que, cheia de confiança, se coloca nas mãos de Deus, abandonando-se à sua vontade.[102] Um tal mistério vai crescendo de intensidade até chegar ao pleno envolvimento dela na missão redentora de Jesus; como afirmou o Concílio Vaticano II, "assim avançou a Virgem pelo caminho da fé, mantendo fielmente a união com seu Filho até a cruz. Junto desta esteve, não sem desígnio de Deus (cf. Jo 19,25), padecendo acerbamente com o seu Filho único, e associando-se com coração de mãe ao seu sacrifício, consentindo com amor na imolação da vítima que dela nascera;

---

[102] Cf. Bento XVI, *Homilia no 40º aniversário do encerramento do Concílio Vaticano II e solenidade da Imaculada Conceição* (8 de dezembro de 2005): *AAS* 98 (2006), 15-16.

finalmente, Jesus Cristo, agonizante na cruz, deu-a por mãe ao discípulo, com estas palavras: mulher, eis aí o teu filho (cf. Jo 19,26-27)".[103] Desde a anunciação até a cruz, Maria é aquela que acolhe a Palavra que nela se fez carne e foi até emudecer no silêncio da morte. É ela, enfim, que recebe nos seus braços o corpo imolado, já exânime, daquele que verdadeiramente amou os seus "até o fim" (Jo 13,1).

Por isso, sempre que na liturgia eucarística nos abeiramos do corpo e do sangue de Cristo, dirigimo-nos também a ela que, por toda a Igreja, acolheu o sacrifício de Cristo, aderindo plenamente ao mesmo. Justamente afirmaram os padres sinodais que "Maria inaugura a participação da Igreja no sacrifício do Redentor".[104] Ela é a Imaculada que acolhe incondicionalmente o dom de Deus, e dessa forma fica associada à obra da salvação. Maria de Nazaré, ícone da Igreja nascente, é o modelo para cada um de nós saber como é chamado a acolher a doação que Jesus fez de si mesmo na Eucaristia.

---

[103] Const. dogm. sobre a Igreja *Lumen gentium*, 58.
[104] *Propositio* 4.

II Parte

EUCARISTIA, MISTÉRIO CELEBRADO

*Em verdade, em verdade vos digo:
Não foi Moisés que vos deu o pão que
vem do céu; meu Pai é que vos dá o
verdadeiro pão que vem do céu.*
(*Jo* 6,32)

Norma da oração e norma de fé

34. O Sínodo dos Bispos refletiu demoradamente sobre a relação intrínseca entre fé eucarística e celebração, pondo em evidência a ligação entre a norma da oração (*lex orandi*) e a norma de fé (*lex credendi*) e sublinhando o primado da *ação litúrgica*. É necessário viver a Eucaristia como mistério da fé autenticamente celebrado, bem cientes de que "a inteligência da fé (*intellectus fidei*) sempre está originariamente em relação com a ação litúrgica da Igreja":[105] nesse âmbito, a reflexão teológica não pode prescindir jamais da ordem sacramental instituída pelo próprio Cristo; por

---

[105] *Relatio post disceptationem*, 4: *L'Osservatore Romano* (ed. port. de 19/11/2005), 660.

outro lado, a ação litúrgica nunca pode ser considerada genericamente, prescindindo do mistério da fé. Com efeito, a fonte da nossa fé e da liturgia eucarística é o mesmo acontecimento: a doação que Cristo fez de si próprio no mistério pascal.

Beleza e liturgia

35. A relação entre mistério acreditado e mistério celebrado manifesta-se, de modo peculiar, no valor teológico e litúrgico da beleza. De fato, a liturgia, como aliás a revelação cristã, tem uma ligação intrínseca com a beleza: é esplendor da verdade (*veritatis splendor*). Na liturgia, brilha o mistério pascal, pelo qual o próprio Cristo nos atrai a si e chama à comunhão. Em Jesus, como costumava dizer são Boaventura, contemplamos a beleza e o esplendor das origens.[106] Referimo-nos aqui a esse atributo da beleza, vista não enquanto mero esteticismo mas como modalidade com que a verdade do amor de Deus em Cristo nos alcança, fascina e arrebata, fazendo-nos sair de nós mesmos e atraindo-nos assim para a nossa verdadeira vocação: o amor.[107] Já na criação, Deus se deixa entrever na beleza e harmo-

---

[106] Cf. *Sermones* 1, 7; 11, 10; 22, 7; 29, 76: *Sermones dominicales ad fidem codicum nunc denuo editi* (Grottaferrata 1977), pp. 135.209s.292s.337; Bento XVI, *Mensagem aos Movimentos Eclesiais e às Novas Comunidades* (22 de maio de 2006): *AAS* 98 (2006), 463.

[107] Cf. Conc. Ecum. Vat. II, Const. past. sobre a Igreja no mundo contemporâneo *Gaudium et spes*, 22.

nia do universo (cf. Sb 13,5; Rm 1,19-20). Depois, no Antigo Testamento, encontramos sinais grandiosos do esplendor da força de Deus, que se manifesta com a sua glória através dos prodígios realizados no meio do povo eleito (cf. Ex 14; 16,10; 24,12-18; Nm 14,20-23). No Novo Testamento, realiza-se definitivamente essa epifania de beleza na revelação de Deus em Jesus Cristo:[108] ele é a manifestação plena da glória divina. Na glorificação do Filho, resplandece e comunica-se a glória do Pai (cf. Jo 1,14; 8,54; 12,28; 17,1). Mas essa beleza não é uma simples harmonia de formas; "o mais belo dos filhos do homem" (Sl 45/44,3) misteriosamente é também um indivíduo "sem distinção nem beleza que atraia o nosso olhar" (Is 53,2). Jesus Cristo mostra-nos como a verdade do amor sabe transfigurar inclusive o mistério sombrio da morte na luz radiante da ressurreição. Aqui o esplendor da glória de Deus supera toda a beleza do mundo. A verdadeira beleza é o amor de Deus que nos foi definitivamente revelado no mistério pascal.

A beleza da liturgia pertence a esse mistério; é expressão excelsa da glória de Deus e, de certa forma, constitui o céu que desce à terra. O memorial do sacrifício redentor traz em si mesmo os traços daquela beleza de Jesus testemunhada por Pedro, Tiago e João, quando

---

[108] Cf. Conc. Ecum. Vat. II, Const. dogm. sobre a divina revelação *Dei Verbum*, 2.4.

o Mestre, a caminho de Jerusalém, quis transfigurar-se diante deles (cf. Mc 9,2). Concluindo, a beleza não é um fator decorativo da ação litúrgica, mas seu elemento constitutivo, enquanto atributo do próprio Deus e da sua revelação. Tudo isso nos há de tornar conscientes da atenção que se deve prestar à ação litúrgica para que brilhe segundo a sua própria natureza.

A celebração eucarística, obra de Cristo inteiro

Cristo inteiro: cabeça e corpo

36. A beleza intrínseca da liturgia tem, como sujeito próprio, Cristo ressuscitado e glorificado no Espírito Santo, que inclui a Igreja na sua ação.[109] Nessa perspectiva, é muito sugestivo recordar as palavras de santo Agostinho que descrevem, de modo eficaz, essa dinâmica de fé própria da Eucaristia; referindo-se precisamente ao mistério eucarístico, o grande santo de Hipona põe em evidência como o próprio Cristo nos assimila a si mesmo: "O pão que vedes sobre o altar, santificado com a Palavra de Deus, é o corpo de Cristo. O cálice, ou melhor, aquilo que o cálice contém, santificado com a Palavra de Deus, é sangue de Cristo. Com esses [sinais], Cristo Senhor quis confiar-nos o seu corpo e o seu sangue, que derramou por nós para a remissão dos pecados. Se os recebestes bem, vós

---

[109] *Propositio* 33.

mesmos sois aquele que recebestes".¹¹⁰ Assim, "tornamo-nos não apenas cristãos mas o próprio Cristo".¹¹¹ Nisso podemos contemplar a ação misteriosa de Deus, que inclui a unidade profunda entre nós e o Senhor Jesus: "De fato, não se pode crer que Cristo esteja na cabeça sem estar também no corpo, pois ele está todo inteiro na cabeça e no corpo (*Christus totus in capite et in corpore*)".¹¹²

Eucaristia e Cristo ressuscitado

37. Visto que a liturgia eucarística é essencialmente ação de Deus (*actio Dei*) que nos envolve em Jesus por meio do Espírito, o seu fundamento não está à mercê do nosso arbítrio e não pode suportar a chantagem das modas passageiras. Vale aqui também, sem dúvida, a advertência de são Paulo: "Ninguém pode pôr outro fundamento diferente do que foi posto, isto é, Jesus Cristo" (1Cor 3,11). O Apóstolo das Gentes certifica-nos ainda, referindo-se à Eucaristia, que nos comunica não uma doutrina pessoal mas sim aquilo que, por sua vez, tinha recebido (cf. 1Cor 11,23); de fato, a celebração da Eucaristia implica a Tradição viva. A Igreja celebra o sacrifício eucarístico obedecendo ao mandato de Cristo, a partir da experiência do Ressus-

---

[110] *Sermo* 227, 1: *PL* 38, 1099.

[111] Santo Agostinho, *In Iohannis Evangelium Tractatus*, 21, 8: *PL* 35, 1568.

[112] Idem, ibidem, 28, 1: op. cit., 35, 1622.

citado e da efusão do Espírito Santo. Por esse motivo, a comunidade cristã, desde os seus primórdios, reúne-se para a fração do pão (*fractio panis*) no dia do Senhor. O dia em que Cristo ressuscitou dos mortos, o domingo, é também o primeiro dia da semana, aquele em que a tradição do Antigo Testamento contemplava o início da criação. O dia da criação tornou-se agora o dia da "nova criação", o dia da nossa libertação, no qual fazemos memória de Cristo morto e ressuscitado.[113]

Arte da celebração

38. Durante os trabalhos sinodais, foi várias vezes recomendada a necessidade de superar toda e qualquer separação entre a arte da celebração (*ars celebrandi*, isto é, a arte de celebrar retamente) e a participação plena, ativa e frutuosa de todos os fiéis: com efeito, o primeiro modo de favorecer a participação do povo de Deus no rito sagrado é a condigna celebração do mesmo; a arte da celebração é a melhor condição para a participação ativa (*actuosa participatio*).[114] Aquela resulta da fiel obediência às normas litúrgicas na sua integridade, pois é precisamente esse modo de celebrar que, há dois mil anos, garante a vida de fé

---

[113] Cf. *Propositio* 30. Mesmo a Santa Missa que a Igreja celebra durante a semana, na qual os fiéis são convidados a participar, encontra a sua forma própria no dia do Senhor, o dia da ressurreição de Cristo: cf. *Propositio* 43.

[114] Cf. *Propositio* 2.

de todos os crentes, chamados a viver a celebração enquanto povo de Deus, sacerdócio real, nação santa (cf. 1Pd 2,4-5.9).[115]

O bispo, liturgista por excelência

39. Se é verdade que todo o povo de Deus participa na liturgia eucarística, uma função imprescindível, relativamente à correta *ars celebrandi*, compete todavia àqueles que receberam o sacramento da Ordem. Bispos, sacerdotes e diáconos, cada qual segundo o próprio grau, devem considerar a celebração como o seu dever principal.[116] Antes de mais ninguém, o bispo diocesano: de fato, como "primeiro dispensador dos mistérios de Deus na Igreja particular que lhe está confiada, ele é o guia, o promotor e o guardião de toda a vida litúrgica".[117] Tudo isso é decisivo para a vida da Igreja particular, não só porque a comunhão com o bispo é condição para que seja legítima uma celebração no respectivo território mas também porque ele mesmo é

---

[115] Cf. *Propositio* 25.

[116] Cf. *Propositio* 19. E a *Propositio* 25 especifica: "Uma autêntica ação litúrgica exprime a sacralidade do mistério eucarístico. Esta deveria transparecer nas palavras e ações do sacerdote celebrante, quando intercede junto de Deus-Pai quer com os fiéis quer pelos fiéis".

[117] *Instrução Geral do Missal Romano*, 22; cf. Conc. Ecum. Vat. II, Const. sobre a sagrada liturgia *Sacrosanctum Concilium*, 41; Congr. para o Culto Divino e a Disciplina dos Sacramentos, Instr. *Redemptionis sacramentum* (25 de março de 2004), 19-25: *AAS* 96 (2004), 555-557.

o liturgista por excelência da sua Igreja.[118] Compete-lhe salvaguardar a concorde unidade das celebrações na sua diocese; por isso, deve ser "preocupação do bispo fazer com que os presbíteros, os diáconos e os fiéis compreendam cada vez melhor o sentido autêntico dos ritos e dos textos litúrgicos, levando-os desse modo a uma ativa e frutuosa celebração da Eucaristia".[119] De modo particular, exorto a fazer tudo o que for necessário a fim de que as celebrações litúrgicas realizadas pelo bispo na catedral se desenrolem no respeito cabal da arte da celebração, para que possam ser consideradas como modelo por todas as igrejas espalhadas no território.[120]

O respeito pelos livros litúrgicos e pela riqueza dos sinais

40. Ao ressaltar a importância da arte da celebração, conseqüentemente põe-se em evidência o valor das normas litúrgicas.[121] Aquela deve favorecer o sentido do sagrado e a utilização das formas exteriores que educam para tal sentido, como, por exemplo, a harmonia do rito, das vestes litúrgicas, da decoração

---

[118] Cf. Conc. Ecum. Vat. II, Decr. sobre o múnus pastoral dos bispos na Igreja *Christus Dominus*, 14; Const. sobre a sagrada liturgia *Sacrosanctum Concilium*, 41.

[119] *Instrução Geral do Missal Romano*, 22.

[120] Cf. idem, ibidem, 22.

[121] Cf. *Propositio* 25.

e do lugar sagrado. A celebração eucarística é frutuosa quando os sacerdotes e os responsáveis da pastoral litúrgica se esforçam por dar a conhecer os livros litúrgicos em vigor e as respectivas normas, pondo em destaque as riquezas estupendas da *Instrução Geral do Missal Romano* e da *Instrução das Leituras da Missa*. Talvez se dê por adquirido, nas comunidades eclesiais, o seu conhecimento e devido apreço, mas freqüentemente não é assim; na realidade, trata-se de textos onde estão contidas riquezas que guardam e exprimem a fé e o caminho do povo de Deus ao longo dos dois milênios da sua história. Igualmente importante para uma correta arte da celebração é a atenção a todas as formas de linguagem previstas pela liturgia: palavra e canto, gestos e silêncios, movimento do corpo, cores litúrgicas dos paramentos. Com efeito, a liturgia, por sua natureza, possui uma tal variedade de níveis de comunicação que lhe permitem cativar o ser humano na sua totalidade. A simplicidade dos gestos e a sobriedade dos sinais, situados na ordem e nos momentos previstos, comunicam e cativam mais do que o artificialismo de adições inoportunas. A atenção e a obediência à estrutura própria do rito, ao mesmo tempo que exprimem a consciência do caráter de dom da Eucaristia, manifestam a vontade que o ministro tem de acolher, com dócil gratidão, esse dom inefável.

Arte ao serviço da celebração

41. A profunda ligação entre a beleza e a liturgia deve levar-nos a considerar atentamente todas as expressões artísticas colocadas ao serviço da celebração.[122] Um componente importante da arte sacra é, sem dúvida, *a arquitetura* das igrejas,[123] nas quais há de sobressair a coerência entre os elementos próprios do presbitério: altar, crucifixo, sacrário, ambão, cadeira. A esse respeito, tenha-se presente que a finalidade da arquitetura sacra é oferecer à Igreja que celebra os mistérios de fé, especialmente a Eucaristia, o espaço mais idôneo para uma condigna realização da sua ação litúrgica;[124] de fato, a natureza do templo cristão define-se precisamente pela ação litúrgica, a qual implica a reunião dos fiéis (*ecclesia*), que são as pedras vivas do templo (cf. 1Pd 2,5).

O mesmo princípio vale para toda a arte sacra em geral, especialmente para a pintura e a escultura, devendo a iconografia religiosa ser orientada para a mistagogia sacramental. Um conhecimento profundo das formas que a arte sacra conseguiu produzir, ao longo dos séculos, pode ser de grande ajuda para quem tenha a responsabilidade de chamar arquitetos e artistas

---

[122] Cf. Conc. Ecum. Vat. II, Const. sobre a sagrada liturgia *Sacrosanctum Concilium*, 112-130.

[123] Cf. *Propositio* 27.

[124] Cf. idem, ibidem, 27.

para comissionar-lhes obras de arte destinadas à ação litúrgica; por isso, é indispensável que, na formação dos seminaristas e dos sacerdotes, se inclua, entre as disciplinas importantes, a História da Arte com especial referimento aos edifícios de culto à luz das normas litúrgicas. Enfim, é necessário que, em tudo quanto tenha a ver com a Eucaristia, haja gosto pela beleza; dever-se-á ter respeito e cuidado também pelos paramentos, as alfaias, os vasos sagrados, para que, interligados de forma orgânica e ordenada, alimentem o enlevo pelo mistério de Deus, manifestem a unidade da fé e reforcem a devoção.[125]

O canto litúrgico

42. Na arte da celebração, ocupa lugar de destaque o canto litúrgico.[126] Com razão afirma santo Agostinho, num famoso sermão: "O homem novo conhece o cântico novo. O cântico é uma manifestação de alegria e, se considerarmos melhor, um sinal de amor".[127] O povo de Deus, reunido para a celebração, canta os louvores de Deus. Na sua história bimilenária, a Igreja criou, e continua a criar, música e cânticos que constituem um patrimônio de fé e amor que não

---

[125] Em tudo o que diz respeito a estes aspectos, é preciso ater-se fielmente a quanto está indicado na *Instrução Geral do Missal Romano*, 319-351.

[126] Cf. *Instrução Geral do Missal Romano*, 39-41; Conc. Ecum. Vat. II, Const. sobre a sagrada liturgia *Sacrosanctum Concilium*, 112-118.

[127] *Sermo* 34, 1: *PL* 38, 210.

se deve perder. Verdadeiramente, em liturgia, não podemos dizer que tanto vale um cântico como outro; a propósito, é necessário evitar a improvisação genérica ou a introdução de gêneros musicais que não respeitem o sentido da liturgia. Enquanto elemento litúrgico, o canto deve integrar-se na forma própria da celebração;[128] conseqüentemente, tudo — no texto, na melodia, na execução — deve corresponder ao sentido do mistério celebrado, às várias partes do rito e aos diferentes tempos litúrgicos.[129] Enfim, embora tendo em conta as distintas orientações e as diferentes e amplamente louváveis tradições, desejo — como foi pedido pelos padres sinodais — que se valorize adequadamente o canto gregoriano,[130] como canto próprio da liturgia romana.[131]

A estrutura da celebração eucarística

43. Depois de ter recordado os elementos fundamentais da arte da celebração relevados durante os trabalhos sinodais, desejo chamar a atenção mais

---

[128] Cf. *Propositio* 25: "Como todas as expressões artísticas, também o canto deve estar intimamente harmonizado com a liturgia, colaborar eficazmente para o seu fim, ou seja, deve exprimir a fé, a oração, o enlevo, o amor por Jesus presente na Eucaristia".

[129] Cf. *Propositio* 29.

[130] Cf. *Propositio* 36.

[131] Cf. Conc. Ecum. Vat. II, Const. sobre a sagrada liturgia *Sacrosanctum Concilium*, 116; *Instrução Geral do Missal Romano*, 41.

especificamente para algumas partes da estrutura da celebração eucarística, que necessitam de um cuidado particular no nosso tempo, a fim de permanecermos fiéis à intenção profunda da renovação litúrgica que o Concílio Vaticano II quis em continuidade com toda a grande tradição eclesial.

Unidade intrínseca da ação litúrgica

44. Antes de mais nada, é necessário refletir sobre a unidade intrínseca do rito da Santa Missa, evitando, tanto nas catequeses como na modalidade de celebração, que se dê ensejo a uma visão justaposta das duas partes do rito: a liturgia da palavra e a liturgia eucarística — para além dos ritos iniciais e conclusivo — "estão entre si tão estreitamente ligadas que constituem um único ato de culto".[132] De fato, existe uma ligação intrínseca entre a Palavra de Deus e a parte eucarística: ao ouvirmos a Palavra de Deus, nasce ou reforça-se a fé (cf. Rm 10,17), enquanto, na parte eucarística, o Verbo feito carne dá-se a nós como alimento espiritual;[133] assim, "a partir das duas mesas, a da Palavra de Deus e a do corpo de Cristo, a Igreja

---

[132] *Instrução Geral do Missal Romano*, 28; cf. Conc. Ecum. Vat. II, Const. sobre a sagrada liturgia *Sacrosanctum Concilium*, 56; Sagr. Congr. dos Ritos, Instr. *Eucharisticum mysterium* (25 de maio de 1967), 3: *AAS* (1967), 540-543.

[133] Cf. *Propositio* 18.

recebe e oferece aos fiéis o pão de vida".[134] Por isso, deve ter-se constantemente presente que a Palavra de Deus, lida e anunciada na liturgia pela Igreja, conduz à Eucaristia como a seu fim conatural.

A liturgia da palavra

45. Juntamente com o Sínodo, peço que a liturgia da palavra seja sempre devidamente preparada e vivida. Recomendo, pois, vivamente que se tenha grande cuidado, nas liturgias, com a proclamação da Palavra de Deus por leitores bem preparados; nunca nos esqueçamos de que, "quando na igreja se lê a Sagrada Escritura, é o próprio Deus que fala ao seu povo, é Cristo presente na sua palavra que anuncia o Evangelho".[135] Se as circunstâncias o recomendarem, pode-se pensar numas breves palavras de introdução, que ajudem os fiéis a tomar renovada consciência do momento. Para ser bem compreendida, a Palavra de Deus deve ser escutada e acolhida com espírito eclesial e cientes da sua unidade com o sacramento eucarístico. Com efeito, a palavra que anunciamos e ouvimos é o Verbo feito carne (cf. Jo 1,14) e possui uma referência intrínseca à pessoa de Cristo e à modalidade sacramental da sua permanência: Cristo fala não no passado mas sim no nosso presente, tal como ele está

---

[134] Idem, ibidem, 18.

[135] *Instrução Geral do Missal Romano*, 29.

presente na ação litúrgica. Nesse horizonte sacramental da revelação cristã,[136] o conhecimento e o estudo da Palavra de Deus permitem-nos valorizar, celebrar e viver melhor a Eucaristia; também aqui se mostra em toda a sua verdade a conhecida asserção: "A ignorância da Escritura é ignorância de Cristo".[137]

Para isso, é necessário ajudar os fiéis a valorizarem os tesouros da Sagrada Escritura presentes no Lecionário, por meio de iniciativas pastorais, de celebrações da palavra e da leitura orante (*lectio divina*). Além disso, não se esqueça de promover as formas de oração confirmadas pela tradição: a Liturgia das Horas, sobretudo Laudes, Vésperas, Completas e ainda as celebrações das Vigílias. A oração dos salmos, as leituras bíblicas e as da grande tradição apresentadas no Ofício Divino podem levar a uma experiência profunda do acontecimento de Cristo e da economia da salvação, capaz por sua vez de enriquecer a compreensão e a participação na celebração eucarística.[138]

---

[136] Cf. João Paulo II, Carta enc. *Fides et ratio* (14 de setembro de 1998), 13: *AAS* 91 (1999), 15-16.

[137] São Jerônimo, *Commentariorum in Isaiam*, Prol.: *PL* 24, 17; cf. Conc. Ecum. Vat. II, Const. dogm. sobre a divina revelação *Dei Verbum*, 25.

[138] Cf. *Propositio* 31.

A homilia

46. Pensando na importância da Palavra de Deus, surge a necessidade de melhorar a qualidade da homilia; de fato, esta "constitui parte integrante da ação litúrgica",[139] cuja função é favorecer uma compreensão e eficácia mais ampla da Palavra de Deus na vida dos fiéis. Por isso, os ministros ordenados devem "preparar cuidadosamente a homilia, baseando-se num adequado conhecimento da Sagrada Escritura".[140] Evitem-se homilias genéricas ou abstratas; de modo particular, peço aos ministros para fazerem com que a homilia coloque a Palavra de Deus proclamada em estreita relação com a celebração sacramental[141] e com a vida da comunidade, de tal modo que a Palavra de Deus seja realmente apoio e vida da Igreja.[142] Tenha-se presente, portanto, a finalidade catequética e exortativa da homilia. Considera-se que é oportuno oferecer prudentemente, a partir do Lecionário trienal, homilias temáticas aos fiéis que tratem, ao longo do ano litúrgico, os grandes temas da fé cristã, haurindo de quanto está autorizadamente proposto pelo Magistério nos quatro "pilares" do *Catecismo da Igreja Católica* e no recente

---

[139] *Instrução Geral do Missal Romano*, 29; cf. Conc. Ecum. Vat. II, Const. sobre a sagrada liturgia *Sacrosanctum Concilium*, 7.33.52.

[140] *Propositio* 19.

[141] Cf. Conc. Ecum. Vat. II, Const. sobre a sagrada liturgia *Sacrosanctum Concilium*, 52.

[142] Cf. Conc. Ecum. Vat. II, Const. dogm. sobre a divina revelação *Dei Verbum*, 21.

Compêndio: a profissão da fé, a celebração do mistério cristão, a vida em Cristo, a oração cristã.[143]

Apresentação das oferendas

47. Os padres sinodais chamaram a atenção também para a apresentação das oferendas. Não se trata simplesmente de uma espécie de "intervalo" entre a liturgia da palavra e a liturgia eucarística, o que faria, sem dúvida, atenuar o sentido de um único rito composto de duas partes interligadas; realmente, nesse gesto humilde e simples, encerra-se um significado muito grande: no pão e no vinho que levamos ao altar, toda a criação é assumida por Cristo redentor para ser transformada e apresentada ao Pai.[144] Nessa perspectiva, levamos ao altar também todo o sofrimento e tribulação do mundo, na certeza de que tudo é precioso aos olhos de Deus. Esse gesto não necessita ser enfatizado com descabidas complicações para ser vivido no seu significado autêntico: o mesmo permite valorizar a participação primeira que Deus pede ao homem, ou seja, levar em si mesmo a obra divina à perfeição, e dar assim pleno sentido ao trabalho humano que, através da celebração eucarística, fica unido ao sacrifício redentor de Cristo.

---

[143] Com essa finalidade, o Sínodo exortou a elaborar subsídios pastorais, baseados no Lecionário trienal, que ajudem a ligar de maneira intrínseca a proclamação das leituras previstas com a doutrina da fé: cf. *Propositio* 19.

[144] Cf. *Propositio* 20.

A Oração Eucarística

48. A Oração Eucarística é "o ponto central e culminante de toda a celebração";[145] merece ser convenientemente ressaltada a sua importância. As diversas Orações Eucarísticas contidas no Missal foram-nos transmitidas pela Tradição viva da Igreja e caracterizam-se por uma riqueza teológica e espiritual inesgotável; os fiéis devem poder ser capazes de apreciá-la. A isso mesmo nos ajuda a *Instrução Geral do Missal Romano*, quando lembra os elementos fundamentais de cada Oração Eucarística: ação de graças, aclamação, epiclese, narração da instituição, consagração, anamnese, oblação, intercessões e doxologia final.[146] Em particular, a espiritualidade eucarística e a reflexão teológica são iluminadas se se contempla a profunda unidade que existe, na anáfora, entre a invocação do Espírito Santo e a narração da instituição,[147] quando "se realiza o sacrifício que o próprio Cristo instituiu na Última Ceia".[148] De fato, "por meio de invocações especiais, a Igreja implora o poder do Espírito Santo, para que os dons oferecidos pelos homens sejam consagrados, isto é, se convertam no corpo e sangue de Cristo, e para que a vítima imaculada, que vai ser

---

[145] *Instrução Geral do Missal Romano*, 78.

[146] Cf. idem, ibidem, 78-79.

[147] Cf. *Propositio* 22.

[148] *Instrução Geral do Missal Romano*, 79d.

recebida na comunhão, opere a salvação daqueles que dela vão participar".[149]

Saudação da paz

49. A Eucaristia é, por sua natureza, sacramento da paz. Na celebração litúrgica, essa dimensão do mistério eucarístico encontra a sua manifestação específica no rito da saudação da paz. Trata-se, sem dúvida, de um sinal de grande valor (cf. Jo 14,27). Nesse nosso tempo pavorosamente cheio de conflitos, tal gesto adquire — mesmo do ponto de vista da sensibilidade comum — um relevo particular, pois a Igreja sente cada vez mais como sua missão própria a de implorar ao Senhor o dom da paz e da unidade para si mesma e para a família humana inteira. A paz é, sem dúvida, uma aspiração radical que se encontra no coração de cada um; a Igreja dá voz ao pedido de paz e reconciliação que brota do espírito de cada pessoa de boa vontade, apresentando-o àquele que "é a nossa paz" (Ef 2,14) e pode pacificar de novo povos e pessoas, mesmo onde tivessem falido os esforços humanos. A partir de tudo isso, é possível compreender a intensidade com que freqüentemente é sentido o rito da paz na celebração litúrgica. A esse respeito, porém, durante o Sínodo dos Bispos foi sublinhada a conveniência de moderar esse gesto, que pode assumir expressões excessivas,

---

[149] Idem, ibidem, 79c.

suscitando um pouco de confusão na assembléia precisamente antes da comunhão. É bom lembrar que nada tira ao alto valor do gesto a sobriedade necessária para se manter um clima apropriado à celebração, limitando, por exemplo, a saudação da paz a quem está mais próximo.[150]

Distribuição e recepção da Eucaristia

50. Outro momento da celebração, que necessita de menção, é a distribuição e a recepção da sagrada comunhão. Peço a todos, especialmente aos ministros ordenados e àqueles que, devidamente preparados e em caso de real necessidade, estejam autorizados para o ministério da distribuição da Eucaristia, que façam o possível para que o gesto, na sua simplicidade, corresponda ao seu valor de encontro pessoal com o Senhor Jesus no sacramento. Quanto às prescrições para a correta prática do mesmo, vejam-se os documentos recentemente emanados;[151] todas as comunidades cristãs se atenham fielmente às normas

---

[150] Tendo em consideração antigos e veneráveis costumes e votos expressos pelos padres sinodais, pedi aos Dicastérios competentes que estudassem a possibilidade de se colocar a saudação da paz noutro momento, por exemplo antes da apresentação das oferendas ao altar. Aliás, tal escolha não deixaria de suscitar uma significativa evocação da advertência feita pelo Senhor a propósito da necessidade de reconciliação antes de qualquer oferta a Deus (Mt 5,23s): cf. *Propositio* 23.

[151] Cf. Congr. para o Culto Divino e a Disciplina dos Sacramentos, Instr. *Redemptionis sacramentum* (25 de março de 2004), 80-96: *AAS* 96 (2004), 574-577.

vigentes, vendo nelas a expressão da fé e do amor que todos devemos ter por esse sublime sacramento. Além disso, não seja transcurado o tempo precioso de ação de graças depois da comunhão: além da entoação de um cântico oportuno, pode ser muito útil também permanecer recolhidos em silêncio.[152]

A propósito, desejo chamar a atenção para um problema pastoral com que freqüentemente nos deparamos no nosso tempo: em determinadas circunstâncias como, por exemplo, nas Missas celebradas por ocasião de matrimônios, funerais ou acontecimentos análogos, encontram-se presentes na celebração, além dos fiéis praticantes, outros que talvez há anos não se aproximam do altar ou se encontram numa situação de vida que não permite o acesso aos sacramentos; outras vezes acontece que estão presentes pessoas de outras confissões cristãs ou até de outras religiões. Circunstâncias semelhantes verificam-se também em igrejas que são meta de turistas, sobretudo nas cidades de grande valor artístico. Ora, salta aos olhos a necessidade de encontrar formas breves e incisivas para alertar a todos sobre o sentido da comunhão sacramental e sobre as condições que se requerem para a sua recepção. Em situações onde não se possa garantir a necessária clareza quanto ao significado da Eucaristia, deve-se ponderar

---

[152] Cf. *Propositio* 34.

a oportunidade de substituir a celebração eucarística por uma celebração da Palavra de Deus.[153]

A despedida: "Ite, missa est"

51. Por último, quero deter-me naquilo que disseram os padres sinodais acerca da saudação de despedida no final da celebração eucarística. Depois da bênção, o diácono ou o sacerdote despede o povo com as palavras "Ide em paz e o Senhor vos acompanhe", tradução aproximada da fórmula latina: *Ite, missa est.* Nessa saudação, podemos identificar a relação entre a Missa celebrada e a missão cristã no mundo. Na antiguidade, o termo *"missa"* significava simplesmente "despedida"; mas, no uso cristão, o mesmo foi ganhando um sentido cada vez mais profundo, tendo o termo "despedir" evoluído para "expedir em missão". Desse modo, a referida saudação exprime sinteticamente a natureza missionária da Igreja; seria bom ajudar o povo de Deus a aprofundar essa dimensão constitutiva da vida eclesial, tirando inspiração da liturgia. Nessa perspectiva, pode ser útil dispor de textos, devidamente aprovados, para a oração sobre o povo e a bênção final que explicitem tal ligação.[154]

---

[153] Cf. *Propositio* 35.

[154] Cf. *Propositio* 24.

Participação ativa

Autêntica participação

52. O Concílio Vaticano II colocara, justamente, uma ênfase particular sobre a participação ativa, plena e frutuosa de todo o povo de Deus na celebração eucarística.[155] A renovação operada nestes anos proporcionou, sem dúvida, notáveis progressos na direção desejada pelos padres conciliares; mas não podemos ignorar que houve, às vezes, qualquer incompreensão precisamente acerca do sentido dessa participação. Convém, pois, deixar claro que não se pretende, com tal palavra, aludir a mera atividade exterior durante a celebração; na realidade, a participação ativa desejada pelo Concílio deve ser entendida, em termos mais substanciais, a partir de uma maior consciência do mistério que é celebrado e da sua relação com a vida cotidiana. Permanece plenamente válida ainda a recomendação da Constituição conciliar *Sacrosanctum Concilium* feita aos fiéis quando os exorta a não assistirem à liturgia eucarística "como estranhos ou espectadores mudos", mas a participarem "na ação sagrada, consciente, ativa e piedosamente".[156] E o Concílio, desenvolvendo seu

---

[155] Cf. Conc. Ecum. Vat. II, Const. sobre a sagrada liturgia *Sacrosanctum Concilium*, 14-20.30s.48s; Congr. para o Culto Divino e a Disciplina dos Sacramentos, Instr. *Redemptionis sacramentum* (25 de março de 2004), 36-42: *AAS* 96 (2004), 561-564.

[156] N. 48.

pensamento, prossegue: os fiéis "sejam instruídos pela Palavra de Deus; alimentem-se à mesa do corpo do Senhor; dêem graças a Deus; aprendam a oferecer-se a si mesmos, ao oferecer juntamente com o sacerdote, e não só pelas mãos dele, a hóstia imaculada; que, dia após dia, por Cristo mediador, progridam na unidade com Deus e entre si".[157]

Participação e ministério sacerdotal

53. A beleza e a harmonia da ação litúrgica encontram significativa expressão na ordem com que cada um é chamado a participar ativamente nela; isso requer o conhecimento das diversas funções hierárquicas implicadas na própria celebração. Pode ser útil lembrar que a participação ativa na mesma não coincide, de per si, com o desempenho de um ministério particular; sobretudo, não favorece a causa da participação ativa dos fiéis uma confusão gerada pela incapacidade de distinguir, na comunhão eclesial, as diversas funções que cabem a cada um.[158] De modo particular, convém que haja clareza quanto às funções específicas do sacerdote: como atesta a tradição da Igreja, é ele quem insubstituivelmente preside à celebração eucarística

---

[157] Idem, ibidem, 48.

[158] Cf. Congr. para o Clero e outros Dicastérios da Cúria Romana, Instr. acerca de algumas questões sobre a colaboração dos fiéis leigos no sagrado ministério dos sacerdotes *Ecclesiæ de mysterio* (15 de agosto de 1997): *AAS* 89 (1997), 852-877.

inteira, desde a saudação inicial até a bênção final. Em virtude da Ordem sacra recebida, representa Jesus Cristo cabeça da Igreja e, na forma que lhe é própria, também a Igreja.[159] De fato, cada celebração da Eucaristia é conduzida pelo bispo, "quer pessoalmente, quer pelos presbíteros seus colaboradores";[160] e é coadjuvado pelo diácono, que tem na celebração algumas funções específicas: preparar o altar e assistir ao sacerdote, proclamar o Evangelho e, eventualmente, fazer a homilia, propor aos fiéis as intenções da Oração Universal, distribuir a Eucaristia aos fiéis.[161] Em relação com esses ministérios dependentes do sacramento da Ordem, aparecem depois outros ministérios para o serviço litúrgico, louvavelmente desempenhados por religiosos e leigos preparados.[162]

---

[159] Cf. *Propositio* 33.

[160] *Instrução Geral do Missal Romano*, 92.

[161] Cf. idem, ibidem, 94.

[162] Cf. Conc. Ecum. Vat. II, Decr. sobre o apostolado dos leigos *Apostolicam actuositatem*, 24; *Instrução Geral do Missal Romano*, nn. 95-111; Congr. para o Culto Divino e a Disciplina dos Sacramentos, Instr. *Redemptionis sacramentum* (25 de março 2004), 43-47: *AAS* 96 (2004), 564-566; *Propositio* 33: "Esses ministérios devem ser introduzidos segundo um mandato específico e segundo as reais exigências da comunidade que celebra. As pessoas encarregadas desses serviços litúrgicos laicais devem ser escolhidas cuidadosamente, bem preparadas e acompanhadas por uma formação permanente. A sua nomeação deve ser temporária. Tais pessoas devem ser conhecidas pela comunidade e desta receberem também um grato reconhecimento".

Celebração eucarística e inculturação

54. Partindo fundamentalmente de quanto afirmou o Concílio Vaticano II, várias vezes foi sublinhada a importância da participação ativa dos fiéis no sacrifício eucarístico. Para a favorecer, podem ter lugar algumas adaptações apropriadas aos respectivos contextos e às diversas culturas;[163] o fato de ter havido alguns abusos não turba a clareza desse princípio, que deve ser mantido segundo as necessidades reais da Igreja, a qual vive e celebra o mesmo mistério de Cristo em situações culturais diferentes. De fato, o Senhor Jesus, precisamente no mistério da Encarnação, ao nascer de uma mulher como perfeito homem (cf. Gl 4,4) colocou-se em relação direta não só com as expectativas que se registravam no âmbito do Antigo Testamento mas também com as cultivadas por todos os povos; manifestou, assim, que Deus pretende alcançar-nos no nosso contexto vital. Por conseguinte é útil, para uma participação mais eficaz dos fiéis nos santos mistérios, a continuação do processo de inculturação inclusivamente quanto à celebração eucarística, tendo em conta as possibilidades de adaptação oferecidas pela *Instrução Geral do Missal Romano*,[164] interpretadas à luz dos critérios estabelecidos pela IV Instrução

---

[163] Cf. Conc. Ecum. Vat. II, Const. sobre a sagrada liturgia *Sacrosanctum Concilium*, 37-42.

[164] Cf. nn. 386-399.

da Congregação para o Culto Divino e a Disciplina dos Sacramentos, designada *Varietates legitimæ*, de 25 de janeiro de 1994,[165] e pelas diretrizes expressas pelo Papa João Paulo II nas Exortações pós-sinodais *Ecclesia in Africa, Ecclesia in America, Ecclesia in Asia, Ecclesia in Oceania, Ecclesia in Europa*.[166] Com essa finalidade, recomendo às Conferências Episcopais que prossigam com essa obra, favorecendo um justo equilíbrio entre os critérios e diretrizes já emanados e as novas adaptações,[167] sempre de acordo com a Sé Apostólica.

Condições pessoais para uma participação ativa

55. Ao considerarem o tema da participação ativa (*actuosa participatio*) dos fiéis no rito sagrado, os padres sinodais ressaltaram também as condições pessoais que se requerem de cada um para uma frutuosa participação.[168] Uma delas é, sem dúvida, o espírito de constante conversão que deve caracterizar a vida de

---

[165] Veja-se o texto em *AAS* 87 (1995), 288-314.

[166] Cf. Exort. ap. pós-sinodal *Ecclesia in Africa* (14 de setembro de 1995), 55-71: *AAS* 88 (1996), 34-47; Exort. ap. pós-sinodal *Ecclesia in America* (22 de janeiro de 1999), 16.40.64.70-72: *AAS* 91 (1999), 752-753.775-776.799.805-809; Exort. ap. pós-sinodal *Ecclesia in Asia* (6 de novembro de 1999), 21s: *AAS* 92 (2000), 482-487; Exort. ap. pós-sinodal *Ecclesia in Oceania* (22 de novembro de 2001), 16: *AAS* 94 (2002), 382-384; Exort. ap. pós-sinodal *Ecclesia in Europa* (28 de junho de 2003), 58-60: *AAS* 95 (2003), 685-686.

[167] Cf. *Propositio* 26.

[168] Cf. *Propositio* 35; Conc. Ecum. Vat. II, Const. sobre a sagrada liturgia *Sacrosanctum Concilium*, 11.

todos os fiéis: não podemos esperar uma participação ativa na liturgia eucarística, se nos abeiramos dela superficialmente e sem antes nos interrogarmos sobre a própria vida. Favorecem tal disposição interior, por exemplo, o recolhimento e o silêncio durante alguns momentos pelo menos antes do início da liturgia, o jejum e — quando for preciso — a confissão sacramental; um coração reconciliado com Deus predispõe para a verdadeira participação. De modo particular é preciso alertar os fiéis que não se pode verificar uma participação ativa nos santos mistérios, se ao mesmo tempo não se procura tomar parte ativa na vida eclesial em toda a sua amplitude, incluindo o compromisso missionário de levar o amor de Cristo para o meio da sociedade.

Sem dúvida, para a plena participação na Eucaristia é preciso também aproximar-se pessoalmente do altar para receber a comunhão;[169] contudo é preciso estar atento para que essa afirmação, justa em si mesma, não induza os fiéis a um certo automatismo levando-os a pensar que, pelo simples fato de se encontrar na igreja durante a liturgia, se tenha o direito ou mesmo — quem sabe — se sinta no dever de aproximar-se da mesa eucarística. Mesmo quando não for possível abeirar-se da comunhão sacramental,

---

[169] Cf. *Catecismo da Igreja Católica*, 1388; Conc. Ecum. Vat. II, Const. sobre a sagrada liturgia *Sacrosanctum Concilium*, 55.

a participação na Santa Missa permanece necessária, válida, significativa e frutuosa; nesse caso, é bom cultivar o desejo da plena união com Cristo, por exemplo, através da prática da comunhão espiritual, recordada por João Paulo II[170] e recomendada por santos mestres de vida espiritual.[171]

Participação dos cristãos não católicos

56. Ao tratarmos o tema da participação, temos inevitavelmente de falar dos cristãos que pertencem a Igrejas ou Comunidades eclesiais que não estão em plena comunhão com a Igreja Católica. A esse respeito, temos de dizer, por um lado, que o vínculo intrínseco existente entre a Eucaristia e a unidade da Igreja nos faz desejar ardentemente o dia em que poderemos celebrar, juntamente com todos os que crêem em Cristo, a divina Eucaristia e exprimir assim visivelmente aquela plena unidade que Cristo quis para os seus discípulos (cf. Jo 17,21); mas, por outro lado, o respeito que devemos ao sacramento do corpo e do sangue de Cristo impede-nos de fazer dele um simples "meio" usado indiscriminadamente para alcançar a referida unidade.[172] De fato,

---

[170] Cf. Carta enc. *Ecclesia de Eucharistia* (17 de abril de 2003), 34: *AAS* 95 (2003), 456.

[171] Assim, por exemplo, São Tomás de Aquino, *Summa Theologiæ*, III, q. 80, a. 1,2; Santa Teresa de Jesus, *Caminho de perfeição*, cap. 35. A doutrina foi confirmada autorizadamente pelo Concílio de Trento, Sessão XIII, cân. 8.

[172] Cf. João Paulo II, Carta enc. *Ut unum sint* (25 de maio de 1995), 8: *AAS* 87 (1995), 925-926.

a Eucaristia não manifesta somente a nossa comunhão pessoal com Jesus Cristo, mas implica também a plena comunhão (*communio*) com a Igreja; esse é o motivo pelo qual, com dor mas não sem esperança, pedimos aos cristãos não católicos que compreendam e respeitem a nossa convicção, que se assenta na Bíblia e na Tradição: pensamos que a comunhão eucarística e a comunhão eclesial se interpenetrem tão intimamente que se torna geralmente impossível aos cristãos não católicos terem acesso a uma sem gozar da outra. Ainda mais desprovida de sentido seria uma concelebração verdadeira e própria com ministros de Igrejas ou Comunidades eclesiais que não estão em plena comunhão com a Igreja Católica. Não deixa, porém, de ser verdade que, em ordem à salvação eterna, há a possibilidade de admitir indivíduos cristãos não católicos à Eucaristia, ao sacramento da Penitência e à Unção dos Enfermos; mas isso supõe que se verifiquem determinadas e excepcionais situações, associadas a precisas condições.[173] Estas aparecem claramente indicadas no

---

[173] Cf. *Propositio* 41; Conc. Ecum. Vat. II, Decr. sobre o ecumenismo *Unitatis redintegratio*, 8.15; João Paulo II, Carta enc. *Ut unum sint* (25 de maio de 1995), 46: *AAS* 87 (1995), 948; Carta enc. *Ecclesia de Eucharistia* (17 de abril de 2003), 45-46: *AAS* 95 (2003), 463-464; *Código de Direito Canônico*, cân. 844-§§ 3 e 4; *Código dos Cânones das Igrejas Orientais*, cân. 671-§§ 3 e 4; Pont. Cons. para a Promoção da Unidade dos Cristãos, *Diretório para a aplicação dos princípios e normas sobre o ecumenismo* (25 de março de 1993), 125.129-131: *AAS* 85 (1993), 1087.1088-1089.

Catecismo da Igreja Católica[174] e no seu *Compêndio*.[175] É dever de cada um ater-se a elas fielmente.

Participação através dos meios de comunicação

57. Devido ao progresso admirável dos meios de comunicação, nos últimos decênios a palavra "participação" adquiriu um significado mais amplo do que no passado; com satisfação, todos reconhecemos que esses instrumentos oferecem novas possibilidades inclusivamente quanto à celebração eucarística.[176] Isso requer dos agentes pastorais do setor uma preparação específica e um vivo sentido de responsabilidade; com efeito, a Santa Missa transmitida na televisão ganha inevitavelmente um certo caráter de exemplaridade; daí o dever de prestar particular atenção a que a celebração, além de se realizar em lugares dignos e bem preparados, respeite as normas litúrgicas.

Enfim, quanto ao valor dessa participação na Santa Missa pelos meios de comunicação, quem assiste a tais transmissões deve saber que, em condições normais, não cumpre o preceito dominical; de fato, a linguagem da imagem representa a realidade, mas não

---

[174] Cf. nn. 1398-1401.

[175] Cf. n. 293.

[176] Cf. Pont. Cons. das Comunicações Sociais, Instr. past. sobre as comunicações sociais no XX aniversário da "Communio et progressio" *Ætatis novæ* (22 de fevereiro de 1992): *AAS* 84 (1992), 447-468.

a reproduz em si mesma.[177] Se é muito louvável que idosos e doentes participem na Santa Missa festiva através das transmissões radiotelevisivas, o mesmo não se pode dizer de quem quisesse, por meio de tais transmissões, dispensar-se de ir à igreja tomar parte na celebração eucarística na assembléia da Igreja viva.

Participação ativa dos doentes

58. Considerando a condição de quantos por motivos de saúde ou idade não podem ir aos lugares de culto, quero chamar a atenção de toda a comunidade eclesial para a necessidade pastoral de garantir a assistência espiritual aos doentes, quer estejam nas próprias casas quer se encontrem no hospital. Diversas vezes, no Sínodo dos Bispos, se aludiu à sua condição; é preciso providenciar para que esses nossos irmãos e irmãs possam receber, com freqüência, a comunhão sacramental; revigorando assim a sua relação com Cristo crucificado e ressuscitado, poderão sentir a própria existência inserida plenamente na vida e missão da Igreja, por meio da oferta do seu sofrimento em união com o sacrifício de Nosso Senhor. Uma particular atenção há de ser reservada aos deficientes: sempre que a sua condição o permita, a comunidade cristã deve facilitar a sua participação na celebração no lugar de culto; a propósito, procure-se remover, nos edifícios

---

[177] Cf. *Propositio* 29.

sagrados, eventuais obstáculos arquitetônicos que impeçam o acesso aos deficientes. Enfim, seja garantida também a comunhão eucarística, na medida do possível, aos deficientes mentais, batizados e crismados: eles recebem a Eucaristia na fé também da família ou da comunidade que os acompanha.[178]

A solicitude pelos presos

59. A tradição espiritual da Igreja, na esteira de uma concreta afirmação de Cristo (cf. Mt 25,36), individuou na visita aos presos uma das obras de misericórdia corporal. Aqueles que se encontram nessa situação têm particular necessidade de ser visitados pelo próprio Senhor no sacramento da Eucaristia; experimentar a solidariedade da comunidade eclesial, participar na Eucaristia e receber a sagrada comunhão num período da vida tão difícil e doloroso pode seguramente contribuir para a qualidade do seu caminho de fé e favorecer a plena recuperação social da pessoa. Interpretando votos formulados na assembléia sinodal, peço às dioceses para providenciarem que haja, na medida do possível, um conveniente investimento de forças na atividade pastoral dedicada ao cuidado espiritual dos presos.[179]

---

[178] Cf. *Propositio* 44.
[179] Cf. *Propositio* 48.

Os migrantes e a participação na Eucaristia

60. Ao abordar o problema das pessoas que, por motivos vários, são obrigadas a deixar a sua terra, o Sínodo manifestou particular gratidão a quantos vivem empenhados no cuidado pastoral dos migrantes. Nesse contexto, uma atenção específica deve ser dada aos migrantes membros das Igrejas Católicas Orientais, já que, à separação da própria casa, vem juntar-se a dificuldade de não poderem participar na liturgia eucarística segundo o próprio rito a que pertencem; por isso, onde for possível, seja-lhes concedido usufruir da assistência de sacerdotes do seu rito. Em todo o caso, peço aos bispos que acolham esses irmãos na caridade de Cristo. O encontro entre fiéis de rito diverso pode tornar-se também ocasião de mútuo enriquecimento: penso de modo particular no benefício que pode resultar, sobretudo para o clero, do conhecimento das diversas tradições.[180]

As grandes concelebrações

61. A assembléia sinodal deteve-se a analisar a qualidade da participação nas grandes celebrações que têm lugar em circunstâncias particulares e nas quais se encontram, para além dum grande número de fiéis,

---

[180] Tal conhecimento pode ser adquirido também no Seminário, durante os anos de formação dos candidatos ao sacerdócio, através de oportunas iniciativas: cf. *Propositio* 45.

também muitos sacerdotes concelebrantes.[181] É fácil, por um lado, reconhecer o valor desses momentos, especialmente quando preside o bispo rodeado do seu presbitério e dos diáconos; mas, por outro, em tais ocasiões podem verificar-se problemas quanto à expressão sensível da unidade do presbitério, especialmente na Oração Eucarística, e quanto à distribuição da sagrada comunhão. Deve-se evitar que essas grandes concelebrações criem dispersão; providencie-se a isso mesmo por meio de adequados instrumentos de coordenação, e organizando o lugar de culto de tal modo que permita aos presbíteros e aos fiéis uma plena e real participação. Entretanto, é preciso ter presente que se trata de concelebrações com índole excepcional e limitadas a situações extraordinárias.

A língua latina

62. O que acabo de afirmar não deve, porém, ofuscar o valor dessas grandes liturgias; penso neste momento, em particular, nas celebrações que têm lugar durante encontros internacionais, cada vez mais freqüentes hoje, e que devem justamente ser valorizadas. A fim de exprimir melhor a unidade e a universalidade da Igreja, quero recomendar o que foi sugerido pelo Sínodo dos Bispos, em sintonia com as diretrizes do

---

[181] Cf. *Propositio* 37.

Concílio Vaticano II:[182] excetuando as leituras, a homilia e a oração dos fiéis, é bom que tais celebrações sejam em língua latina; sejam igualmente recitadas em latim as orações mais conhecidas[183] da tradição da Igreja e, eventualmente, entoadas algumas partes em canto gregoriano. De modo geral, peço que os futuros sacerdotes sejam preparados, desde o tempo do seminário, para compreender e celebrar a Santa Missa em latim, bem como para usar textos latinos e entoar o canto gregoriano; nem se transcure a possibilidade de formar os próprios fiéis para saberem, em latim, as orações mais comuns e cantarem, em gregoriano, determinadas partes da liturgia.[184]

Celebrações eucarísticas em pequenos grupos

63. Bem distinta é a situação criada em algumas circunstâncias pastorais, onde, precisamente para uma participação mais consciente, ativa e frutuosa, se favorecem as celebrações em pequenos grupos. Embora reconhecendo o valor formativo subjacente a essas opções, é necessário especificar que as mesmas devem ser harmonizadas com o conjunto da proposta pastoral da diocese; com efeito, tais experiências perderiam o seu caráter pedagógico, se fossem vistas em

---

[182] Cf. Const. sobre a sagrada liturgia *Sacrosanctum Concilium*, 36.54.
[183] Cf. *Propositio* 36.
[184] Cf. idem, ibidem, 36.

antagonismo ou paralelo com a vida da Igreja particular. A esse respeito, o Sínodo pôs em evidência alguns critérios a que se devem ater: os pequenos grupos devem servir para unificar a comunidade, e não para a dividir; a prova disso mesmo há de ver-se na prática concreta; esses grupos devem favorecer a participação frutuosa da assembléia inteira e preservar, na medida do possível, a unidade da vida litúrgica de cada uma das famílias.[185]

Celebração interiormente participada

Catequese mistagógica

64. A grande tradição litúrgica da Igreja ensina-nos que é necessário, para uma frutuosa participação, esforçar-se por corresponder pessoalmente ao mistério que é celebrado, através do oferecimento a Deus da própria vida em união com o sacrifício de Cristo pela salvação do mundo inteiro. Por esse motivo, o Sínodo dos Bispos recomendou que se fomentasse, nos fiéis, profunda concordância das disposições interiores com os gestos e palavras; se ela faltasse, as nossas celebrações, por muito animadas que fossem, arriscar-se-iam a cair no ritualismo. Assim, é preciso promover uma educação da fé eucarística que predisponha os fiéis a viverem pessoalmente o que se celebra. Vista

---

[185] Cf. *Propositio* 32.

a importância essencial dessa participação pessoal e consciente, quais poderiam ser os instrumentos de formação mais adequados? Para isso, os padres sinodais indicaram unanimemente a estrada de uma catequese de caráter mistagógico, que leve os fiéis a penetrarem cada vez mais nos mistérios que são celebrados.[186] Em concreto e antes de mais nada, há que afirmar que, devido à relação entre a arte da celebração e a participação ativa, "a melhor catequese sobre a Eucaristia é a própria Eucaristia bem celebrada";[187] com efeito, por sua natureza a liturgia possui uma eficácia pedagógica própria para introduzir os fiéis no conhecimento do mistério celebrado. Por isso mesmo, na tradição mais antiga da Igreja, o caminho formativo do cristão — embora sem descurar a inteligência sistemática dos conteúdos da fé — assumia sempre um caráter de experiência, em que era determinante o encontro vivo e persuasivo com Cristo anunciado por autênticas testemunhas. Nesse sentido, quem introduz nos mistérios é primariamente a testemunha; depois, esse encontro aprofunda-se, sem dúvida, na catequese e encontra a sua fonte e ápice na celebração da Eucaristia. Dessa estrutura fundamental da experiência cristã parte a exigência de um itinerário mistagógico, no qual se hão de ter sempre presentes três elementos:

---

[186] Cf. *Propositio* 14.
[187] *Propositio* 19.

a) Trata-se, primeiramente, da *interpretação dos ritos à luz dos acontecimentos salvíficos*, em conformidade com a tradição viva da Igreja; de fato, a celebração da Eucaristia, na sua riqueza infinita, possui contínuas referências à história da salvação. Em Cristo crucificado e ressuscitado, podemos celebrar verdadeiramente o centro recapitulador de toda a realidade (cf. Ef 1,10); desde o seu início, a comunidade cristã leu os acontecimentos da vida de Jesus, e particularmente o mistério pascal, em relação com todo o percurso do Antigo Testamento.

b) Além disso, a catequese mistagógica há de preocupar-se em *introduzir no sentido dos sinais* contidos nos ritos; essa tarefa é particularmente urgente numa época acentuadamente tecnológica como a atual, que corre o risco de perder a capacidade de perceber os sinais e os símbolos. Mais do que informar, a catequese mistagógica deverá despertar e educar a sensibilidade dos fiéis para a linguagem dos sinais e dos gestos que, unidos à palavra, constituem o rito.

c) Enfim, a catequese mistagógica deve preocupar-se em mostrar *o significado dos ritos para a vida cristã* em todas as suas dimensões: trabalho e compromisso, pensamentos e afetos, atividade e repouso. Faz parte do itinerário mistagógico pôr em evidência a ligação dos mistérios celebrados no rito com a responsabilidade missionária dos fiéis. Nesse sentido, o fruto maduro da mistagogia é a consciência de que a própria vida vai sendo progressivamente transformada pelos sagrados mistérios celebrados. Aliás, a finalidade de toda a educação cristã é formar o fiel enquanto "homem novo" para uma fé adulta, que o torne capaz de testemunhar no próprio ambiente a esperança cristã que o anima.

Condição necessária para se realizar, no âmbito das nossas comunidades eclesiais, essa tarefa educativa é dispor de formadores adequadamente preparados; mas todo o povo de Deus deve, sem dúvida, sentir-se comprometido nessa formação. Cada comunidade cristã é chamada a ser lugar de introdução pedagógica aos mistérios que se celebram na fé; a propósito, durante o Sínodo, os padres sublinharam a conveniência de um maior envolvimento das comunidades de vida consagrada, movimentos e agregações que, pelo próprio carisma, possam dar novo impulso à formação cristã.[188] Temos a certeza de que, também no nosso tempo, o Espírito Santo não poupa a efusão dos seus dons para sustentar a missão apostólica da Igreja, a quem compete difundir a fé e educá-la até a sua maturidade.[189]

---

[188] Cf. *Propositio* 14.

[189] Cf. Bento XVI, *Homilia nas primeiras Vésperas de Pentecostes* (3 de junho de 2006): *AAS* 98 (2006), 509.

A reverência à Eucaristia

65. Um sinal convincente da eficácia que a catequese eucarística tem sobre os fiéis é seguramente o crescimento neles do sentido do mistério de Deus presente entre nós; podemos verificá-lo através de específicas manifestações de reverência à Eucaristia, nas quais o percurso mistagógico deve introduzir os fiéis.[190] Penso, em geral, na importância dos gestos e posições, como, por exemplo, ajoelhar-se durante os momentos salientes da Oração Eucarística. Embora adaptando-se à legítima variedade de sinais que tem lugar no contexto das diferentes culturas, cada um viva e exprima a consciência de encontrar-se, em cada celebração, diante da majestade infinita de Deus, que chega até nós humildemente nos sinais sacramentais.

Adoração e piedade eucarística

A relação intrínseca entre celebração e adoração

66. Um dos momentos mais intensos do Sínodo, vivemo-lo quando fomos à Basílica de São Pedro, juntamente com muitos fiéis, fazer adoração eucarística. Com aquele momento de oração, quis a assembléia dos bispos não se limitar às palavras na sua chamada de

---

[190] *Propositio* 34.

atenção para a importância da relação intrínseca entre a celebração eucarística e a adoração. Nesse significativo aspecto da fé da Igreja, encontra-se um dos elementos decisivos do caminho eclesial que se realizou após a renovação litúrgica querida pelo Concílio Vaticano II. Quando a reforma dava os primeiros passos, aconteceu às vezes não se perceber com suficiente clareza a relação intrínseca entre a Santa Missa e a adoração do Santíssimo Sacramento; uma objeção então em voga, por exemplo, partia da idéia de que o pão eucarístico nos fora dado não para ser contemplado, mas comido. Ora, tal contraposição, vista à luz da experiência de oração da Igreja, aparece realmente destituída de qualquer fundamento; já santo Agostinho dissera: *"Nemo autem illam carnem manducat, nisi prius adoraverit;* [...] *peccemus non adorando* — ninguém come essa carne, sem antes a adorar; [...] pecaríamos se não a adorássemos".[191] De fato, na Eucaristia, o Filho de Deus vem ao nosso encontro e deseja unir-se conosco; a adoração eucarística é apenas o prolongamento visível da celebração eucarística, a qual, em si mesma, é o maior ato de adoração da Igreja:[192] receber a Eucaristia significa colocar-se em atitude de adoração daquele que comungamos. Precisamente assim, e

---

[191] *Enarrationes in Psalmos* 98, 9: *CCL* 39, 1835; cf. Bento XVI, *Discurso à Cúria Romana* (22 de dezembro de 2005): *AAS* 98 (2006), 44-45.

[192] Cf. *Propositio* 6.

apenas assim, é que nos tornamos um só com ele e, de algum modo, saboreamos antecipadamente a beleza da liturgia celeste. O ato de adoração fora da Santa Missa prolonga e intensifica aquilo que se fez na própria celebração litúrgica. Com efeito, "somente na adoração pode maturar um acolhimento profundo e verdadeiro. Precisamente nesse ato pessoal de encontro com o Senhor amadurece depois também a missão social, que está encerrada na Eucaristia e deseja romper não apenas as barreiras entre o Senhor e nós mesmos mas também, e sobretudo, as barreiras que nos separam uns dos outros".[193]

A prática da adoração eucarística

67. Juntamente com a assembléia sinodal, recomendo, pois, vivamente aos pastores da Igreja e ao povo de Deus a prática da adoração eucarística tanto pessoal como comunitária.[194] Para isso, será de grande proveito uma catequese específica na qual se explique aos fiéis a importância desse ato de culto que permite viver, mais profundamente e com maior fruto, a própria celebração litúrgica. Depois, na medida do possível

---

[193] Bento XVI, *Discurso à Cúria Romana* (22 de dezembro de 2005): *AAS* 98 (2006), 45.

[194] Cf. *Propositio* 6; Congr. para o Culto Divino e a Disciplina dos Sacramentos, *Diretório sobre piedade popular e liturgia* (17 de dezembro de 2001), nn. 164-165; Sagr. Congr. dos Ritos, Instr. *Eucharisticum mysterium* (25 de maio de 1967): *AAS* 57 (1067), 539-573.

e sobretudo nos centros mais populosos, será conveniente individuar igrejas ou capelas que se possam reservar propositadamente para a adoração perpétua. Além disso, recomendo que na formação catequética, particularmente nos itinerários de preparação para a Primeira Comunhão, se iniciem as crianças no sentido e na beleza de demorar-se na companhia de Jesus, cultivando o enlevo pela sua presença na Eucaristia.

Quero exprimir, aqui, apreço e apoio a todos os institutos de vida consagrada, cujos membros dedicam uma parte significativa do seu tempo à adoração eucarística. Desse modo, oferecem a todos o exemplo de pessoas que se deixam plasmar pela presença real do Senhor. Desejo igualmente encorajar as associações de fiéis, nomeadamente as confrarias, que assumam essa prática como seu compromisso especial, tornando-se assim fermento de contemplação para toda a Igreja e apelo à centralidade de Cristo na vida dos indivíduos e da comunidade.

Formas de devoção eucarística

68. O relacionamento pessoal que cada fiel estabelece com Jesus, presente na Eucaristia, recondu-lo sempre ao conjunto da comunhão eclesial, alimentando nele a consciência da sua pertença ao corpo de Cristo. Por isso, além de convidar cada um dos fiéis a encontrar pessoalmente tempo para se demorar em oração

diante do sacramento do altar, sinto o dever de convidar as próprias paróquias e demais grupos eclesiais a promoverem momentos de adoração comunitária. Obviamente, conservam todo o seu valor as formas já existentes de devoção eucarística. Penso, por exemplo, nas procissões eucarísticas, sobretudo a tradicional procissão na solenidade do Corpo de Deus, na devoção das Quarenta Horas, nos congressos eucarísticos locais, nacionais e internacionais, e noutras iniciativas análogas. Devidamente atualizadas e adaptadas às diversas circunstâncias, tais formas de devoção merecem ser cultivadas ainda hoje.[195]

O lugar do sacrário na igreja

69. Ainda relacionado com a importância da reserva eucarística e da adoração e reverência diante do sacramento do sacrifício de Cristo, o Sínodo dos Bispos interrogou-se sobre a devida colocação do sacrário dentro das nossas igrejas.[196] Com efeito, uma correta localização do mesmo ajuda a reconhecer a presença real de Cristo no Santíssimo Sacramento; por isso, é necessário que o lugar onde são conservadas as espécies eucarísticas seja fácil de individuar por qualquer pessoa que entre na igreja, graças nomeadamente

---

[195] Cf. *Relatio post disceptationem*, 11: *L'Osservatore Romano* (ed. port. de 19/11/2005), 661.

[196] Cf. *Propositio* 28.

à lâmpada do Santíssimo perenemente acesa. Tendo em vista tal objetivo, é preciso considerar a disposição arquitetônica do edifício sagrado: nas igrejas onde não existe a capela do Santíssimo Sacramento, mas perdura o altar-mor com o sacrário, convém continuar a valer-se de tal estrutura para a conservação e adoração da Eucaristia, evitando porém colocar a cadeira do celebrante na sua frente. Nas novas igrejas, bom seria predispor a capela do Santíssimo nas proximidades do presbitério; onde isso não for possível, é preferível colocar o sacrário no presbitério, em lugar suficientemente elevado, no centro do fecho absidal ou então noutro ponto onde fique de igual modo bem visível. Essas precauções concorrem para conferir dignidade ao sacrário, que deve ser cuidado sempre também sob o perfil artístico. Obviamente, é necessário ter em conta também o que diz a propósito a *Instrução Geral do Missal Romano*.[197] Em todo caso, o juízo último sobre essa matéria compete ao bispo diocesano.

---

[197] Cf. n. 314.

III Parte

EUCARISTIA, MISTÉRIO VIVIDO

Assim como o Pai, que vive, me enviou e eu vivo pelo Pai, também aquele que me come viverá por mim.
(*Jo 6,57*)

Forma eucarística da vida cristã

O culto espiritual

70. O Senhor Jesus, que para nós se fez alimento de verdade e amor, falando do dom da sua vida assegura-nos: "Quem comer deste pão viverá eternamente" (Jo 6,51). Mas essa "vida eterna" começa em nós, já agora, através da mudança que o dom eucarístico gera na nossa vida: "Aquele que me come viverá por mim" (Jo 6,57). Essas palavras de Jesus permitem-nos compreender que o mistério "acreditado" e "celebrado" possui em si mesmo um tal dinamismo, que faz dele princípio de vida nova em nós e forma da existência cristã. De fato, comungando o corpo e o sangue de Jesus Cristo, vamo-nos tornando participantes da vida divina de modo sempre mais adulto e consciente. Vale

aqui o mesmo que santo Agostinho afirma a propósito do Verbo (*Logos*) eterno, alimento da alma, quando, pondo em evidência o caráter paradoxal desse alimento, o santo doutor imagina ouvi-lo dizer: "Sou o pão dos fortes; cresce e comer-me-ás. Não me transformarás em ti como ao alimento da tua carne, mas mudar-te-ás em mim".[198] Com efeito, não é o alimento eucarístico que se transforma em nós, mas somos nós que acabamos misteriosamente mudados por ele. Cristo alimenta-nos, unindo-nos a si; "atrai-nos para dentro de si".[199]

A celebração eucarística surge aqui em toda a sua força como fonte e ápice da existência eclesial, enquanto exprime a origem e simultaneamente a realização do culto novo e definitivo, o culto espiritual (*logiké latreía*).[200] As palavras que encontramos sobre isso, na Carta de são Paulo aos Romanos, são a formulação mais sintética do modo como a Eucaristia transforma toda a nossa vida em culto espiritual agradável a Deus: "Peço-vos, irmãos, pela misericórdia de Deus, que ofereçais os vossos corpos como sacrifício vivo, santo, agradável a Deus. Tal é o culto espiritual que lhe deveis prestar" (12,1). Nessa exortação, aparece

---

[198] *Confissões* 7, 10, 16: *PL* 32, 742.

[199] Bento XVI, *Homilia na Esplanada de Marienfeld* (21 de agosto de 2005): *AAS* 97 (2005), 892; cf. *Homilia nas primeiras Vésperas de Pentecostes* (3 de junho de 2006): *AAS* 98 (2006), 505.

[200] Cf. *Relatio post disceptationem*, 6.47: *L'Osservatore Romano* (ed. port. de 19/11/2005), 660.663; *Propositio* 43.

a imagem do novo culto como oferta total da própria pessoa em comunhão com toda a Igreja. A insistência do Apóstolo sobre a oferta dos nossos corpos sublinha o concretismo humano de um culto de forma alguma desencarnado. E, a propósito, o santo de Hipona lembra-nos que "esse é o sacrifício dos cristãos, ou seja, serem muitos e um só corpo em Cristo. A Igreja celebra esse mistério através do sacramento do altar, que os fiéis bem conhecem e no qual se lhes mostra claramente que, naquilo que se oferece, ela mesma é oferecida".[201] De fato, a doutrina católica afirma que a Eucaristia, enquanto sacrifício de Cristo, é também sacrifício da Igreja e, conseqüentemente, dos fiéis.[202] Essa insistência sobre o sacrifício — *sacrum facere*, "tornar sagrado" — exprime aqui toda a densidade existencial que está implicada na transformação da nossa realidade humana alcançada por Cristo (cf. Fl 3,12).

Eficácia omnicompreensiva do culto eucarístico

71. O novo culto cristão engloba todos os aspectos da existência, transfigurando-a: "Quando comeis ou bebeis, ou fazeis qualquer outra coisa, fazei tudo para glória de Deus" (1Cor 10,31). Em cada ato da sua vida, o cristão é chamado a manifestar o verdadeiro culto a Deus; daqui toma forma a natureza intrinsecamente

---

[201] *De civitate Dei* 10, 6: *PL* 41, 284.

[202] Cf. *Catecismo da Igreja Católica*, 1368.

eucarística da vida cristã. Uma vez que abraça a realidade humana do crente em seu concretismo cotidiano, a Eucaristia torna possível dia após dia a progressiva transfiguração do homem, por graça chamado a ser conforme à imagem do Filho de Deus (cf. Rm 8,29s). Nada há de autenticamente humano — pensamentos e afetos, palavras e obras — que não encontre no sacramento da Eucaristia a forma adequada para ser vivido em plenitude. Sobressai aqui todo o valor antropológico da novidade radical trazida por Cristo com a Eucaristia: o culto a Deus na existência humana não pode ser relegado para um momento particular e privado, mas tende, por sua natureza, a permear cada aspecto da realidade do indivíduo. Assim, o culto agradável a Deus torna-se uma nova maneira de viver todas as circunstâncias da existência, na qual cada particular fica exaltado porque vivido dentro do relacionamento com Cristo e como oferta a Deus. A glória de Deus é o homem vivo (cf. 1Cor 10,31); e a vida do homem é a visão de Deus.[203]

Viver segundo o domingo

72. Essa novidade radical, que a Eucaristia introduz na vida do homem, revelou-se à consciência cristã desde o princípio; prontamente os fiéis compreenderam a influência profunda que a celebração eucarística

---

[203] Cf. Santo Irineu, *Contra as heresias* 4, 20, 7: *PG* 7, 1037.

exercia sobre o estilo da sua vida. Santo Inácio de Antioquia exprimia essa verdade designando os cristãos como "aqueles que chegaram à nova esperança", e apresentava-os como aqueles que vivem "segundo o domingo" (*iuxta dominicam viventes*).[204] Essa expressão do grande mártir antioqueno põe claramente em evidência a ligação entre a realidade eucarística e a vida cristã no seu dia-a-dia. O costume característico que têm os cristãos de reunir-se no primeiro dia depois do sábado para celebrar a ressurreição de Cristo — conforme a narração do mártir são Justino[205] — é também o dado que define a forma da vida renovada pelo encontro com Cristo. Mas a expressão de santo Inácio — "viver segundo o domingo" — sublinha também o valor paradigmático que esse dia santo tem para os dias restantes da semana. De fato, o domingo não se distingue com base na simples suspensão das atividades habituais, como se fosse uma espécie de parênteses dentro do ritmo normal dos dias; os cristãos sempre sentiram esse dia como o primeiro da semana, porque nele se faz memória da novidade radical trazida por Cristo. Por isso, o domingo é o dia em que o cristão reencontra a forma eucarística própria da sua existência, segundo a qual é chamado a viver constantemente: "viver segundo o domingo" significa viver consciente

---

[204] *Epístola aos Magnésios* 9, 1: *PG* 5, 670.
[205] Cf. *I Apologia* 67, 1-6; 66: *PG* 6, 430s; 427.

da libertação trazida por Cristo e realizar a própria existência como oferta de si mesmo a Deus, para que a sua vitória se manifeste plenamente a todos os homens através de uma conduta intimamente renovada.

Viver o preceito dominical

73. Cientes desse princípio novo de vida que a Eucaristia deposita no cristão, os padres sinodais reafirmaram a importância que tem, para todos os fiéis, o preceito dominical como fonte de liberdade autêntica, a fim de poderem viver cada um dos outros dias segundo o que celebraram no "dia do Senhor". Com efeito, a vida de fé corre perigo quando se deixa de sentir desejo de participar na celebração eucarística em que se faz memória da vitória pascal. A participação na assembléia litúrgica dominical, ao lado de todos os irmãos e irmãs com os quais se forma um só corpo em Cristo Jesus, é exigida pela consciência cristã e simultaneamente educa a consciência cristã. Perder o sentido do domingo como dia do Senhor que deve ser santificado é sintoma de uma perda do sentido autêntico da liberdade cristã, a liberdade dos filhos de Deus.[206] Continuam a ser preciosas as observações feitas a esse respeito pelo meu venerado predecessor João Paulo II, na Carta Apostólica *Dies Domini*,[207] quando trata das

---

[206] Cf. *Propositio* 30.
[207] Cf. *AAS* 90 (1998), 713-766.

diversas dimensões que o domingo tem para os cristãos: é *dies Domini*, em referimento à obra da criação; *dies Christi*, enquanto dia da nova criação e do dom do Espírito Santo que o Senhor Ressuscitado concede; *dies Ecclesiæ*, como dia em que a comunidade cristã se reúne para a celebração; *dies hominis*, porque dia de alegria, repouso e caridade fraterna.

Um tal dia aparece, assim, como festa primordial em que todo fiel, no próprio ambiente onde vive, se pode fazer arauto e guardião do sentido do tempo. Desse dia, com efeito, brota o sentido cristão da existência e uma nova maneira de viver o tempo, as relações, o trabalho, a vida e a morte. Por isso, é bom que, no dia do Senhor, as realidades eclesiais organizem, a partir da celebração eucarística dominical, manifestações próprias da comunidade cristã: encontros de amizade, iniciativas para a formação de crianças, jovens e adultos na fé, peregrinações, obras de caridade e momentos variados de oração. Por causa desses valores tão importantes — embora justamente a tarde de sábado a partir das primeiras Vésperas já pertença ao domingo, sendo permitido cumprir nela o preceito dominical — é necessário recordar que é o domingo em si mesmo que merece ser santificado, para que não acabe por ficar um dia "vazio de Deus".[208]

---

[208] *Propositio* 30.

O sentido do repouso e do trabalho

74. É particularmente urgente no nosso tempo lembrar que o dia do Senhor é também o dia de repouso do trabalho. Desejamos vivamente que isso mesmo seja reconhecido também pela sociedade civil, de modo que se possa ficar livre das obrigações laborais sem ser penalizado por isso. De fato, os cristãos — não sem relação com o significado do sábado na tradição hebraica — viram no dia do Senhor também o dia de repouso da fadiga cotidiana. Isso possui um significado bem preciso, ou seja, constitui uma *relativização do trabalho*, que tem por finalidade o homem: o trabalho é para o homem e não o homem para o trabalho. É fácil intuir a tutela que isso oferece ao próprio homem, ficando assim emancipado de uma possível forma de escravidão. Como já tive ocasião de afirmar, "o trabalho reveste uma importância primária para a realização do homem e o progresso da sociedade; por isso, torna-se necessário que aquele seja sempre organizado e realizado no pleno respeito da dignidade humana e ao serviço do bem comum. Ao mesmo tempo, é indispensável que o homem não se deixe escravizar pelo trabalho, que não o idolatre pretendendo achar nele o sentido último e definitivo da vida".[209] É no dia consagrado a Deus

---

[209] *Homilia na solenidade de são José* (19 de março de 2006): *AAS* 98 (2006), 324.

que o homem compreende o sentido da sua existência e também do trabalho.[210]

Assembléias dominicais na ausência de sacerdote

75. Uma vez descoberto o significado da celebração dominical para a vida do cristão, coloca-se espontaneamente o problema das comunidades cristãs onde falta o sacerdote e, conseqüentemente, não é possível celebrar a Santa Missa no dia do Senhor. A tal respeito, convém reconhecer que nos encontramos perante situações muito diversificadas entre si. Antes de mais nada, o Sínodo recomendou aos fiéis que fossem a uma das igrejas da diocese onde está garantida a presença do sacerdote, mesmo que isso lhes exija um pouco de sacrifício.[211] Entretanto, nos casos em que se torne praticamente impossível, devido à grande distância, a participação na Eucaristia dominical, é importante que as comunidades cristãs se reúnam igualmente para louvar o Senhor e fazer memória do dia a ele dedicado. Mas isso deverá verificar-se a partir

---

[210] A esse respeito observa, oportunamente, o *Compêndio da Doutrina Social da Igreja*, 258: "Para o homem, ligado à necessidade do trabalho, o repouso abre a perspectiva de uma liberdade mais plena, a do Sábado eterno (cf. Hb 4,9-10). O repouso consente aos homens recordar e reviver as obras de Deus, da criação à redenção, e reconhecerem-se a si próprios como obra do mesmo Deus (cf. Ef 2,10), dar-lhe graças pela própria vida e subsistência, a ele, que é seu autor".

[211] Cf. *Propositio* 10.

de uma conveniente instrução sobre a diferença entre a Santa Missa e as assembléias dominicais à espera de sacerdote. A solicitude pastoral da Igreja há de exprimir-se, neste caso, vigiando que a liturgia da palavra — organizada sob a guia de um diácono ou de um responsável da comunidade a quem foi regularmente confiado esse ministério pela autoridade competente — se realize segundo um ritual específico elaborado pelas Conferências Episcopais e para tal fim aprovado por elas.[212] Lembro que compete aos Ordinários conceder a faculdade de distribuir a comunhão nessas liturgias, ponderando atentamente a conveniência da escolha a fazer. Além disso, tudo deve ser feito de forma que tais assembléias não criem confusão quanto ao papel central do sacerdote e à dimensão sacramental na vida da Igreja. A importância da função dos leigos, a quem justamente há que agradecer a generosidade ao serviço das comunidades cristãs, jamais deve ofuscar o ministério insubstituível dos sacerdotes na vida da Igreja.[213] Por isso, vigie-se atentamente sobre as assembléias à espera de sacerdote para que não dêem lugar a visões eclesiológicas incompatíveis com a verdade do Evangelho e a tradição da Igreja; devem antes tornar-se ocasiões privilegiadas de oração a Deus para que mande

---

[212] Cf. idem, ibidem, 10.

[213] Cf. Bento XVI, *Discurso aos bispos da Conferência Episcopal do Canadá-Quebec em Visita* ad limina Apostolorum (11 de maio de 2006): *L'Osservatore Romano* (ed. port. de 20/5/2006), 227.

sacerdotes santos segundo o seu coração. A propósito, vale a pena recordar aquilo que escreveu o Papa João Paulo II na *Carta aos Sacerdotes* por ocasião da Quinta-feira Santa de 1979, recordando o caso comovente que se verificava em certos lugares onde as pessoas, privadas de sacerdote pelo regime ditatorial, se reuniam numa igreja ou num santuário, colocavam sobre o altar a estola que ainda conservavam e recitavam as orações da liturgia eucarística até o "momento que corresponderia à transubstanciação", e aí se detinham em silêncio, dando testemunho de quão "ardentemente desejavam ouvir aquelas palavras que só os lábios de um sacerdote podiam eficazmente pronunciar".[214] Precisamente nessa perspectiva, considerando o bem incomparável que deriva da celebração do sacrifício eucarístico, peço a todos os sacerdotes uma efetiva e concreta disponibilidade para visitarem, com a maior assiduidade possível, as comunidades que estão confiadas ao seu cuidado pastoral, a fim de não ficarem demasiado tempo sem o sacramento da caridade.

Uma forma eucarística da existência cristã, a pertença eclesial

76. A importância do domingo como dia da Igreja (*dies Ecclesiæ*) traz-nos à mente a relação intrínseca entre a vitória de Jesus sobre o mal e a morte e a nossa

---

[214] N. 10: *AAS* 71 (1979), 414-415.

pertença ao seu corpo eclesial; no dia do Senhor, com efeito, todo cristão reencontra também a dimensão comunitária da sua existência redimida. Participar na ação litúrgica, comungar o corpo e o sangue de Cristo significa, ao mesmo tempo, tornar cada vez mais íntima e profunda a própria pertença àquele que morreu por nós (cf. 1Cor 6,19s; 7,23). Verdadeiramente quem se nutre de Cristo vive por ele. Compreende-se o sentido profundo da comunhão dos santos (*communio sanctorum*), relacionando-a com o mistério eucarístico. A comunhão tem sempre e inseparavelmente uma conotação vertical e uma horizontal: comunhão com Deus e comunhão com os irmãos e irmãs. Essas duas dimensões encontram-se misteriosamente no dom eucarístico. "Onde se destrói a comunhão com Deus, que é comunhão com o Pai, com o Filho e com o Espírito Santo, destrói-se também a raiz e a fonte da comunhão entre nós. E onde a comunhão entre nós não for vivida também a comunhão com o Deus-Trindade não é viva nem verdadeira."[215] Chamados, pois, a ser membros de Cristo e, conseqüentemente, membros uns dos outros (cf. 1Cor 12,27), constituímos uma realidade ontologicamente fundada no Batismo e alimentada pela Eucaristia, realidade essa que exige ter expressão sensível na vida das nossas comunidades.

---

[215] Bento XVI, Audiência Geral de 29 de março de 2006: *L'Osservatore Romano* (ed. port. de 1/5/2006), 152.

A forma eucarística da vida cristã é, sem dúvida, eclesial e comunitária. Através da diocese e das paróquias, enquanto estruturas basilares da Igreja num território particular, cada fiel pode fazer experiência concreta da sua pertença ao corpo de Cristo. As associações, os movimentos eclesiais e as novas comunidades — com a vivacidade dos carismas que lhes foram concedidos pelo Espírito Santo para o nosso tempo —, bem como os institutos de vida consagrada, têm a missão de oferecer a sua contribuição específica para favorecer nos fiéis a percepção dessa sua pertença *ao* Senhor (cf. Rm 14,8). O fenômeno da secularização, que apresenta — não por acaso — traços fortemente individualistas, logra seus efeitos deletérios sobretudo nas pessoas que se isolam por escasso sentido de pertença. Desde os seus inícios, sempre o cristianismo implica uma companhia, uma trama de relações continuamente vivificadas pela escuta da palavra e pela celebração eucarística e animadas pelo Espírito Santo.

Espiritualidade e cultura eucarística

77. Os padres sinodais afirmaram, significativamente, que "os fiéis cristãos precisam de uma compreensão mais profunda das relações entre a Eucaristia e a vida cotidiana. A espiritualidade eucarística não é apenas participação na Missa e devoção ao Santíssi-

mo Sacramento; mas abraça a vida inteira".[216] Um tal realce assume atualmente particular significado para todos nós; é preciso reconhecer que um dos efeitos mais graves da secularização, há pouco mencionada, é ter relegado a fé cristã para a margem da existência, como se fosse inútil para a realização concreta da vida dos homens; a falência dessa maneira de viver "como se Deus não existisse" está agora patente a todos. Hoje se torna necessário redescobrir que Jesus Cristo não é uma simples convicção privada ou uma doutrina abstrata, mas uma pessoa real cuja inserção na história é capaz de renovar a vida de todos. Por isso, a Eucaristia, enquanto fonte e ápice da vida e missão da Igreja, deve traduzir-se em espiritualidade, em vida "segundo o Espírito" (Rm 8,4s; cf. Gl 5,16.25). É significativo que são Paulo, na passagem da Carta aos Romanos em que convida a viver o novo culto espiritual, apele ao mesmo tempo para a necessidade de mudar a própria forma de viver e pensar: "Não vos conformeis com este mundo, mas transformai-vos pela renovação da vossa mente, para saberdes discernir, segundo a vontade de Deus, o que é bom, o que lhe é agradável, o que é perfeito" (12,2). Desse modo, o Apóstolo das Gentes põe em evidência a ligação entre o verdadeiro culto espiritual e a necessidade de uma nova maneira de compreender a existência e orientar a vida. Constitui

---

[216] *Propositio* 39.

parte integrante da forma eucarística da vida cristã a renovação da mentalidade, pois "assim já não seremos crianças inconstantes, levadas ao sabor de todo o vento de doutrina" (Ef 4,14).

Eucaristia e evangelização das culturas

78. Daquilo que ficou dito, segue-se que o mistério eucarístico nos põe *em diálogo* com as várias culturas, mas de certa forma também *as desafia*.[217] É preciso reconhecer o caráter intercultural desse novo culto, desta *logiké latreía*: a presença de Jesus Cristo e a efusão do Espírito Santo são acontecimentos que podem encontrar-se de forma duradoura com qualquer realidade cultural a fim de a fermentar evangelicamente. Em conseqüência disso mesmo, temos a obrigação de promover convictamente a evangelização das culturas, na certeza de que o próprio Cristo é a verdade de todo o homem e da história humana inteira. A Eucaristia torna-se critério de valorização de tudo o que o cristão encontra nas diversas expressões culturais; num processo importante como esse, podem revelar-se de grande significado as palavras de são Paulo quando, na sua Primeira Carta aos Tessalonicenses, convida a "avaliar tudo e conservar o que for bom" (5,21).

---

[217] Cf. *Relatio post disceptationem*, 30: *L'Osservatore Romano* (ed. port. de 19/11/2005), 662.

Eucaristia e fiéis leigos

79. Em Cristo, cabeça da Igreja seu corpo, todos os cristãos formam uma "raça eleita, sacerdócio real, nação santa, povo adquirido por Deus para anunciar os louvores daquele que os chamou das trevas à sua luz admirável" (1Pd 2,9). A Eucaristia, enquanto mistério a ser vivido, oferece-se a cada um de nós na condição concreta em que nos encontramos, fazendo com que essa mesma situação vital se torne um lugar onde viver diariamente a novidade cristã. Se o sacrifício eucarístico alimenta e faz crescer em nós tudo o que já nos foi dado no Batismo, pelo qual todos somos chamados à santidade,[218] então isso deve transparecer e manifestar-se precisamente nas situações ou estados de vida em que cada cristão se encontra; tornamo-nos dia após dia culto agradável a Deus, vivendo a própria vida como vocação. O próprio sacramento da Eucaristia, a partir da convocação litúrgica, compromete-nos na realidade cotidiana a fim de que tudo seja feito para glória de Deus.

E, dado que o mundo é "o campo" (Mt 13,38) onde Deus coloca os seus filhos como boa semente, os cristãos leigos, em virtude do Batismo e da Confirmação e corroborados pela Eucaristia, são chamados a viver a novidade radical trazida por Cristo preci-

---

[218] Cf. Conc. Ecum. Vat. II, Const. dogm. sobre a Igreja *Lumen gentium*, 39-42.

samente no meio das condições normais da vida;[219] devem cultivar o desejo de ver a Eucaristia influir cada vez mais profundamente na sua existência cotidiana, levando-os a serem testemunhas reconhecidas como tais no próprio ambiente de trabalho e na sociedade inteira.[220] Dirijo um particular encorajamento às famílias a haurirem inspiração e força desse sacramento: o amor entre o homem e a mulher, o acolhimento da vida, a missão educadora aparecem como âmbitos privilegiados onde a Eucaristia pode mostrar a sua capacidade de transformar e encher de significado a existência.[221] Os pastores nunca deixem de apoiar, educar e encorajar os fiéis leigos a viverem plenamente a própria vocação à santidade no meio deste mundo que Deus amou até o ponto de dar o Filho para sua salvação (cf. Jo 3,16).

Eucaristia e espiritualidade sacerdotal

80. A forma eucarística da existência cristã manifesta-se, sem dúvida, de modo particular no estado de vida sacerdotal. A espiritualidade sacerdotal é intrinsecamente eucarística; a semente dessa espiritualidade encontra-se já nas palavras que o bispo pronuncia na liturgia da ordenação: "Recebe a oferenda do povo santo para a apresentares a Deus. Toma consciência do

---

[219] Cf. João Paulo II, Exort. ap. pós-sinodal *Christifideles laici* (30 de dezembro de 1988), 14.16: *AAS* 81 (1989), 409-413.416-418.

[220] Cf. *Propositio* 39.

[221] Cf. idem, ibidem, 39.

que virás a fazer; imita o que virás a realizar, e conforma a tua vida com o mistério da cruz do Senhor".[222] Para conferir à sua existência uma forma eucarística cada vez mais perfeita, o sacerdote deve reservar, já no período de formação e depois nos anos sucessivos, amplo espaço para a vida espiritual.[223] É chamado a ser continuamente um autêntico perscrutador de Deus, embora ao mesmo tempo permaneça solidário com as preocupações dos homens. Uma vida espiritual intensa permitir-lhe-á entrar mais profundamente em comunhão com o Senhor e ajudá-lo-á a deixar-se possuir pelo amor de Deus, tornando-se sua testemunha em todas as circunstâncias mesmo difíceis e obscuras. Para isso, juntamente com os padres do Sínodo, recomendo aos sacerdotes "a celebração diária da Santa Missa, mesmo quando não houver participação de fiéis".[224] Tal recomendação é ditada, antes de mais, pelo valor objetivamente infinito de cada celebração eucarística; e é motivada ainda pela sua singular eficácia espiritual, porque, se vivida com atenção e fé, a Santa Missa é formadora no sentido mais profundo do termo, enquanto promove a configuração a Cristo e reforça o sacerdote na sua vocação.

---

[222] *Pontifical Romano — Ordenação do Bispo, dos Presbíteros e Diáconos*: Rito da Ordenação do Presbítero, n. 150.

[223] Cf. João Paulo II, Exort. ap. pós-sinodal *Pastores dabo vobis* (25 de março de 1992), 19-33.70-81: *AAS* 84 (1992), 686-712. 778-800.

[224] *Propositio* 38.

Eucaristia e vida consagrada

81. No contexto da relação entre a Eucaristia e as diversas vocações eclesiais, refulge de modo particular "o testemunho profético de mulheres e homens consagrados que encontram, na celebração eucarística e na adoração, a força para o seguimento radical de Cristo obediente, pobre e casto".[225] Embora realizem muitos serviços no campo da formação humana e do cuidado pelos pobres, no ensino ou na assistência aos doentes, os consagrados e consagradas sabem que a finalidade principal da sua vida é "a contemplação das coisas divinas e a união assídua com Deus";[226] a contribuição essencial que a Igreja espera da vida consagrada destina-se muito mais ao ser do que ao fazer. Nesse contexto, queria evocar a importância do testemunho virginal precisamente em relação ao mistério da Eucaristia; com efeito, além da ligação com o celibato sacerdotal, o mistério eucarístico apresenta uma relação intrínseca com a virgindade consagrada, enquanto esta é expressão da dedicação exclusiva da Igreja a Cristo, que ela acolhe como seu Esposo com radical e fecunda fidelidade.[227] Na Eucaristia, a vir-

---

[225] *Propositio* 39; cf. João Paulo II, Exort. ap. pós-sinodal *Vita consecrata* (25 de março de 1996), 95: *AAS* 88 (1996), 470-471.

[226] *Código de Direito Canônico*, cân. 663-§ 1.

[227] Cf. João Paulo II, Exort. ap. pós-sinodal *Vita consecrata* (25 de março de 1996), 34: *AAS* 88 (1996), 407-408.

gindade consagrada encontra inspiração e nutrimento para a sua dedicação total a Cristo; além disso, aufere da Eucaristia conforto e impulso para ser, no nosso tempo também, sinal do amor gratuito e fecundo que Deus tem pela humanidade. Enfim, é através do seu testemunho específico que a vida consagrada se torna objetivamente apelo e antecipação daquelas "núpcias do Cordeiro" (Ap 19,7-9) que constituem a meta de toda a história da salvação. Nesse sentido, aquela constitui uma evocação eficaz do horizonte escatológico de que o homem necessita para poder orientar as suas opções e resoluções de vida.

Eucaristia e transformação moral

82. Descoberta a beleza da forma eucarística da existência cristã, somos levados a refletir também sobre as energias morais que, por tal forma, se desencadeiam em apoio da liberdade autêntica e própria dos filhos de Deus. Desejo, assim, retomar um assunto que surgiu no Sínodo: a ligação entre *forma eucarística da vida* e *transformação moral*. O Papa João Paulo II afirmara que a vida moral "possui o valor de um 'culto espiritual' (Rm 12,1; cf. Fl 3,3), que brota e se alimenta daquela fonte inesgotável de santidade e glorificação de Deus que são os sacramentos, especialmente a Eucaristia: com efeito, ao participar no sacrifício da cruz, o cristão comunga do amor de doação de Cristo, ficando habilitado e comprometido a viver essa mesma caridade em

todas as suas atitudes e comportamentos de vida".[228] Em suma, "no próprio 'culto', na comunhão eucarística, está contido o ser amado e o amar por sua vez os outros. Uma Eucaristia que não se traduza em amor concretamente vivido é em si mesma fragmentária".[229]

Esse apelo ao valor moral do culto espiritual não deve ser interpretado em chave moralista; é, antes de mais nada, a descoberta feliz do dinamismo do amor no coração de quem acolhe o dom do Senhor, abandona-se a ele e encontra a verdadeira liberdade. A transformação moral, que o novo culto instituído por Cristo implica, é uma tensão e um anseio profundo de querer corresponder ao amor do Senhor com todo o próprio ser, embora conscientes da própria fragilidade. Aquilo de que estamos falando aparece claramente no relato evangélico de Zaqueu (cf. Lc 19,1-10): depois de ter hospedado Jesus na sua casa, o publicano sente-se completamente transformado; decide dar metade dos seus haveres aos pobres e restituir quatro vezes mais a quem roubou. A tensão moral que nasce do ato de hospedar Jesus na nossa vida brota da gratidão por se ter experimentado a imerecida proximidade do Senhor.

---

[228] Carta enc. *Veritatis splendor* (6 de agosto de 1993), 107: *AAS* 85 (1993), 1216-1217.

[229] Bento XVI, Carta enc. *Deus caritas est* (25 de dezembro de 2005), 14: *AAS* 98 (2006), 229.

Coerência eucarística

83. É importante salientar aquilo que os padres sinodais designaram por *coerência eucarística*, à qual está objetivamente chamada a nossa existência. Com efeito, o culto agradável a Deus nunca é um ato meramente privado, sem conseqüências nas nossas relações sociais: requer o testemunho público da própria fé. Evidentemente isso vale para todos os batizados, mas impõe-se com particular premência a quantos, pela posição social ou política que ocupam, devem tomar decisões sobre valores fundamentais como o respeito e defesa da vida humana desde a concepção até a morte natural, a família fundada sobre o Matrimônio entre um homem e uma mulher, a liberdade de educação dos filhos e a promoção do bem comum em todas as suas formas.[230] Esses são valores não negociáveis. Por isso, cientes da sua grave responsabilidade social, os políticos e os legisladores católicos devem sentir-se particularmente interpelados pela sua consciência retamente formada a apresentar e apoiar leis inspiradas nos valores impressos na natureza humana.[231] Tudo isso tem, aliás, uma ligação objetiva com a Eucaristia (cf.

---

[230] Cf. João Paulo II, Carta enc. *Evangelium vitæ* (25 de março de 1995): *AAS* 87 (1995), 401-522; Bento XVI, *Discurso à Pontifícia Academia para a Vida* (27 de fevereiro de 2006): *AAS* 98 (2006), 264-265.

[231] Cf. Congr. para a Doutrina da Fé, *Nota doutrinal sobre algumas questões relativas à participação e comportamento dos católicos na vida política* (24 de novembro de 2002): *AAS* 95 (2004), 359-370.

1Cor 11,27-29). Os bispos são obrigados a recordar sem cessar tais valores; faz parte da sua responsabilidade pelo rebanho que lhes foi confiado.[232]

Eucaristia, mistério anunciado

Eucaristia e missão

84. Na homilia durante a celebração eucarística com que solenemente dei início ao meu ministério na Cátedra de Pedro, disse: "Não há nada de mais belo do que ser alcançado, surpreendido pelo Evangelho, por Cristo. Não há nada de mais belo do que conhecê-lo e comunicar aos outros a amizade com ele".[233] Essa afirmação cresce de intensidade, quando pensamos no mistério eucarístico; com efeito, não podemos reservar para nós o amor que celebramos nesse sacramento: por sua natureza, pede para ser comunicado a todos. Aquilo de que o mundo tem necessidade é do amor de Deus, é de encontrar Cristo e acreditar nele. Por isso, a Eucaristia é fonte e ápice não só da vida da Igreja mas também da sua missão: "Uma Igreja autenticamente eucarística é uma Igreja missionária".[234] Havemos, também nós, de poder dizer com convicção aos nossos irmãos: "Nós vos anunciamos o que vimos e ouvimos,

---

[232] Cf. *Propositio* 46.
[233] *Homilia* (24 de abril de 2005): *AAS* 97 (2005), 711.
[234] *Propositio* 42.

para que estejais também em comunhão conosco" (1Jo 1,2-3). Verdadeiramente não há nada de mais belo do que encontrar e comunicar Cristo a todos! Aliás, a própria instituição da Eucaristia antecipa aquilo que constitui o cerne da missão de Jesus: ele é o enviado do Pai para a redenção do mundo (cf. Jo 3,16-17; Rm 8,32). Na Última Ceia, Jesus entrega aos seus discípulos o sacramento que atualiza o sacrifício que ele, em obediência ao Pai, fez de si mesmo pela salvação de todos nós. Não podemos abeirar-nos da mesa eucarística sem nos deixarmos arrastar pelo movimento da missão que, partindo do próprio Coração de Deus, visa atingir todos os homens; assim, a tensão missionária é parte constitutiva da forma eucarística da existência cristã.

Eucaristia e testemunho

85. A missão primeira e fundamental, que deriva dos santos mistérios celebrados, é dar testemunho com a nossa vida. O enlevo pelo dom que Deus nos concedeu em Cristo imprime à nossa existência um dinamismo novo que nos compromete a ser testemunhas do seu amor. Tornamo-nos testemunhas quando, através das nossas ações, palavras e modo de ser, é Outro que aparece e se comunica. Pode-se afirmar que o testemunho é o meio pelo qual a verdade do amor de Deus alcança o homem na história, convidando-o a acolher livremente essa novidade radical. No testemunho, Deus expõe-se por assim dizer ao risco da

liberdade do homem. O próprio Jesus é a testemunha fiel e verdadeira (cf. Ap 1,5; 3,14); veio para dar testemunho da verdade (cf. Jo 18,37). Nessa ordem de idéias, apraz-me retomar um conceito caro aos primeiros cristãos mas que nos interpela também a nós, cristãos de hoje: o testemunho até o dom de si mesmo, até o martírio, sempre foi considerado, na história da Igreja, o apogeu do novo culto espiritual: "Oferecei os vossos corpos" (Rm 12,1). Pense-se, por exemplo, na narração do martírio de são Policarpo de Esmirna, discípulo de são João: o seu caso, dramático, é todo ele descrito como uma liturgia; mais ainda, como se o próprio mártir se tornasse Eucaristia.[235] Pensemos também na consciência eucarística que Inácio de Antioquia exprime tendo em mente o seu martírio: considera-se "trigo de Deus" e, pelo martírio, deseja transformar-se em "pão puro de Cristo".[236] O cristão, quando oferece a sua vida no martírio, entra em plena comunhão com a páscoa de Jesus Cristo e, assim, ele mesmo se torna Eucaristia com Cristo. Não faltam, ainda hoje, à Igreja os mártires, nos quais se manifesta de modo supremo o amor de Deus. E, mesmo que não nos seja pedida a prova do martírio, sabemos, porém, que o culto agradável a Deus postula intimamente essa

---

[235] Cf. *O martírio de Policarpo* 15, 1: *PG* 5, 1039.1042.

[236] Santo Inácio de Antioquia, *Epístola aos Romanos* 4, 1: *PG* 5, 690.

disponibilidade[237] e encontra a sua realização no feliz e convicto testemunho perante o mundo de uma vida cristã coerente nos diversos setores onde o Senhor nos chama a anunciá-lo.

Jesus Cristo, único Salvador

86. Sublinhar a ligação intrínseca entre Eucaristia e missão faz-nos descobrir também o conteúdo supremo do nosso anúncio. Quanto mais vivo for o amor pela Eucaristia no coração do povo cristão, tanto mais clara lhe será a incumbência da missão: *levar Cristo*; não meramente uma idéia ou uma ética nele inspirada, mas o dom da sua própria Pessoa. Quem não comunica a verdade do Amor ao irmão ainda não deu bastante. A Eucaristia enquanto sacramento da nossa salvação chama-nos assim, inevitavelmente, à unicidade de Cristo e da salvação por ele realizada a preço do seu sangue. Por isso, do mistério eucarístico acreditado e celebrado nasce a exigência de educar constantemente a todos para o trabalho missionário, cujo centro é o anúncio de Jesus, único Salvador.[238] Isso impedirá de confinar, em chave meramente sociológica, a obra decisiva de promoção humana que todo o processo de evangelização autêntico sempre implica.

---

[237] Cf. Conc. Ecum. Vat. II, Const. dogm. sobre a Igreja *Lumen gentium*, 42.

[238] Cf. *Propositio* 42; Congr. para a Doutrina da Fé, Decl. sobre a unicidade e universalidade salvífica de Jesus Cristo e da Igreja *Dominus Iesus* (6 de agosto de 2000), 13-15: *AAS* 92 (2000), 754-755.

Liberdade de culto

87. Nesse contexto, desejo dar voz àquilo que os padres referiram, durante a assembléia sinodal, a propósito das graves dificuldades criadas à missão das comunidades cristãs que vivem em condições de minoria ou mesmo de privação da liberdade religiosa.[239] Devemos verdadeiramente dar graças ao Senhor por todos os bispos, sacerdotes, pessoas consagradas e leigos que se prodigalizam a anunciar o Evangelho e vivem a sua fé sob risco da própria vida. Não são poucas as regiões do mundo onde o simples ir à igreja constitui um testemunho heróico que expõe a vida da pessoa à marginalização e à violência. Nesta ocasião, quero também reiterar a solidariedade da Igreja inteira a quantos sofrem por falta de liberdade de culto. Nos lugares onde não há a liberdade religiosa, sabemos que falta, no fim de contas, a liberdade mais significativa, pois é na fé que o homem exprime a decisão íntima relativa ao sentido último da própria existência; por isso, rezemos para que se alargue o espaço da liberdade religiosa em todos os Estados, a fim de os cristãos e os membros das outras religiões poderem livremente viver as suas convicções, pessoalmente e em comunidade.

---

[239] Cf. *Propositio* 42.

Eucaristia, mistério oferecido ao mundo

Eucaristia, pão repartido para a vida do mundo

88. "O pão que eu hei de dar é a minha carne que eu darei pela vida do mundo" (Jo 6,51). Com essas palavras, o Senhor revela o verdadeiro significado do dom da sua vida por todos os homens; as mesmas mostram-nos também a compaixão íntima que ele sente por cada pessoa. Na realidade, os Evangelhos transmitem-nos muitas vezes os sentimentos de Jesus para com as pessoas, especialmente doentes e pecadores (cf. Mt 20,34; Mc 6,34; Lc 19,41). Ele exprime, através de um sentimento profundamente humano, a intenção salvífica de Deus que deseja que todo homem alcance a verdadeira vida. Cada celebração eucarística atualiza sacramentalmente a doação que Jesus fez da sua própria vida na cruz por nós e pelo mundo inteiro. Ao mesmo tempo, na Eucaristia, Jesus faz de nós testemunhas da compaixão de Deus por cada irmão e irmã; nasce assim, à volta do mistério eucarístico, o serviço da caridade para com o próximo, que "consiste precisamente no fato de eu amar, em Deus e com Deus, a pessoa que não me agrada ou que nem conheço sequer. Isso só é possível realizar-se a partir do encontro íntimo com Deus, um encontro que se tornou comunhão de vontade, chegando mesmo a tocar o sentimento. Então aprendo a ver aquela pessoa já não somente com os

meus olhos e sentimentos, mas segundo a perspectiva de Jesus Cristo".[240] Dessa forma, nas pessoas que contato, reconheço irmãs e irmãos, pelos quais o Senhor deu a sua vida amando-os "até o fim" (Jo 13,1). Por conseguinte, as nossas comunidades, quando celebram a Eucaristia, devem conscientizar-se cada vez mais de que o sacrifício de Jesus é por todos; e, assim, a Eucaristia impele todo o que acredita nele a fazer-se "pão repartido" para os outros e, conseqüentemente, a empenhar-se por um mundo mais justo e fraterno. Como sucedeu na multiplicação dos pães e dos peixes, temos de reconhecer que Cristo continua, ainda hoje, exortando os seus discípulos a empenharem-se pessoalmente: "Dai-lhes vós de comer" (Mt 14,16). Na verdade, a vocação de cada um de nós consiste em ser, unido a Jesus, *pão repartido para a vida do mundo.*

As implicações sociais do mistério eucarístico

89. A união com Cristo, que se realiza no sacramento, habilita-nos também a uma novidade de relações sociais: "A 'mística' do sacramento tem um caráter social, porque [...] a união com Cristo é, ao mesmo tempo, união com todos os outros aos quais ele se entrega. Eu não posso ter Cristo só para mim; posso pertencer-lhe somente unido a todos aqueles que

---

[240] Bento XVI, Carta enc. *Deus caritas est* (25 de dezembro de 2005), 18: *AAS* 98 (2006), 232.

se tornaram ou hão de tornar seus".[241] A propósito, é necessário explicitar a relação entre mistério eucarístico e compromisso social. A Eucaristia é sacramento de comunhão entre irmãos e irmãs que aceitam reconciliar-se em Cristo, o qual fez de judeus e gentios um só povo, destruindo o muro de inimizade que os separava (cf. Ef 2,14). Somente essa tensão constante à reconciliação permite comungar dignamente o corpo e o sangue de Cristo (cf. Mt 5,23-24).[242] Através do memorial do seu sacrifício, ele reforça a comunhão entre os irmãos e, de modo particular, estimula os que estão em conflito a apressar a sua reconciliação, abrindo-se ao diálogo e ao compromisso em prol da justiça. A restauração da justiça, a reconciliação e o perdão são, sem dúvida alguma, condições para construir uma verdadeira paz;[243] dessa consciência nasce a vontade de transformar também as estruturas injustas, a fim de se restabelecer o respeito da dignidade do homem, criado à imagem e semelhança de Deus; é através da realização concreta dessa responsabilidade que a Eucaristia se torna na vida o que significa na celebração.

---

[241] Idem, ibidem, 14: op. cit., 228-229.

[242] Durante a assembléia sinodal ouvimos, comovidos, testemunhos muito significativos sobre a eficácia desse sacramento na obra de pacificação. A tal respeito, afirma-se na *Propositio* 49: "Graças às celebrações eucarísticas, povos em conflito puderam reunir-se ao redor da Palavra de Deus, ouvir o seu anúncio profético da reconciliação através do perdão gratuito, receber a graça da conversão que permite a comunhão no mesmo pão e no mesmo cálice".

[243] Cf. *Propositio* 48.

Como já tive ocasião de afirmar, não é missão própria da Igreja tomar nas suas mãos a batalha política para realizar a sociedade mais justa possível; todavia, ela não pode nem deve ficar à margem da luta pela justiça. A Igreja "deve inserir-se nela pela via da argumentação racional e deve despertar as forças espirituais, sem as quais a justiça, que sempre requer renúncias também, não poderá afirmar-se nem prosperar".[244]

Na perspectiva da responsabilidade social de todos os cristãos, os padres sinodais lembraram que o sacrifício de Cristo é mistério de libertação que nos interpela e provoca continuamente; dirijo, pois, um apelo a todos os fiéis para que se tornem realmente obreiros de paz e justiça: "Com efeito, quem participa na Eucaristia deve empenhar-se na edificação da paz neste nosso mundo marcado por muitas violências e guerras, e, hoje de modo particular, pelo terrorismo, a corrupção econômica e a exploração sexual";[245] problemas, estes que geram por sua vez outros fenômenos degradantes que causam viva preocupação. Sabemos que essas situações não podem ser encaradas de modo superficial. Precisamente em virtude do mistério que celebramos, é preciso denunciar as circunstâncias que estão em contraste com a dignidade do homem, pelo

---

[244] Bento XVI, Carta enc. *Deus caritas est* (25 de dezembro de 2005), 28: *AAS* 98 (2006), 239.

[245] *Propositio* 48.

qual Cristo derramou o seu sangue, afirmando assim o alto valor de cada pessoa.

O alimento da verdade e a indigência do homem

90. Não podemos ficar inativos perante certos processos de globalização, que não raro fazem crescer desmesuradamente a distância entre ricos e pobres em âmbito mundial. Devemos denunciar quem dilapida as riquezas da terra, provocando desigualdades que bradam ao céu (cf. Tg 5,4). Por exemplo, é impossível calar diante das "imagens impressionantes dos grandes campos de deslocados ou refugiados — em várias partes do mundo — amontoados em condições precárias para escapar de sorte pior, mas carecidos de tudo. Porventura esses seres humanos não são nossos irmãos e irmãs? Os seus filhos não vieram ao mundo com os mesmos legítimos anseios de felicidade que os outros?".[246] O Senhor Jesus, pão de vida eterna, incita a tornarmo-nos atentos às situações de indigência em que ainda vive grande parte da humanidade: são situações cuja causa se fica a dever, freqüentemente, a uma clara e preocupante responsabilidade dos homens. De fato, "com base em dados estatísticos disponíveis, pode-se afirmar que bastaria menos de metade das somas imensas globalmente destinadas a armamentos para tirar, de forma estável, da indigência o exército ilimitado

---

[246] Bento XVI, *Discurso ao Corpo Diplomático acreditado junto à Santa Sé* (9 de janeiro de 2006): *AAS* 98 (2006), 127.

dos pobres. Isso interpela a consciência humana. Às populações que vivem sob o limiar da pobreza, mais por causa de situações que dependem das relações internacionais políticas, comerciais e culturais do que por circunstâncias incontroláveis, o nosso esforço comum verdadeiramente pode e deve oferecer-lhes nova esperança".[247]

O alimento da verdade leva-nos a denunciar as situações indignas do homem, nas quais se morre à míngua de alimento por causa da injustiça e da exploração, e dá-nos nova força e coragem para trabalhar sem descanso na edificação da civilização do amor. Desde o princípio, os cristãos tiveram a preocupação de partilhar os seus bens (cf. At 4,32) e de ajudar os pobres (cf. Rm 15,26). O peditório que se realiza nas assembléias litúrgicas constitui viva reminiscência disso mesmo, mas é também uma necessidade muito atual. As instituições eclesiais de beneficência, de modo particular a *Caritas* nos seus vários níveis, realizam o valioso serviço de auxiliar as pessoas em necessidade, sobretudo os mais pobres. Tirando inspiração da Eucaristia, que é o sacramento da caridade, aquelas tornam-se a sua expressão concreta; por isso, merecem todo o aplauso e estímulo pelo seu empenho solidário no mundo.

---

[247] Idem, ibidem: op. cit., 127.

A doutrina social da Igreja

91. O mistério da Eucaristia habilita-nos e impele-nos a um compromisso corajoso nas estruturas deste mundo para lhes conferir aquela novidade de relações que tem a sua fonte inexaurível no dom de Deus. O pedido que repetimos em cada Missa: "O pão nosso de cada dia nos dai hoje", obriga-nos a fazer tudo o que for possível, em colaboração com as instituições internacionais, estatais, privadas, para que cesse ou pelo menos diminua, no mundo, o escândalo da fome e da subnutrição que padecem muitos milhões de pessoas, sobretudo nos países em vias de desenvolvimento. Particularmente o leigo cristão, formado na escola da Eucaristia, é chamado a assumir diretamente a sua responsabilidade político-social; a fim de poder desempenhar adequadamente as suas funções, é preciso prepará-lo através de uma educação concreta para a caridade e a justiça. Para isso, como foi pedido pelo Sínodo, é necessário que, nas dioceses e comunidades cristãs, se dê a conhecer e incremente a doutrina social da Igreja.[248] Nesse precioso patrimônio, nascido da mais antiga tradição eclesial, encontramos os elementos que orientam, com profunda sabedoria, o comportamento dos cristãos nas questões sociais em ebulição. Amadurecida durante toda a história da

---

[248] Cf. *Propositio* 48. A este respeito, revela-se muito útil o *Compêndio da Doutrina Social da Igreja*.

Igreja, essa doutrina caracteriza-se pelo seu realismo e equilíbrio, ajudando assim a evitar promessas enganadoras ou vãs utopias.

Santificação do mundo e defesa da criação

92. Enfim, para desenvolver uma espiritualidade eucarística profunda, capaz de incidir significativamente também no tecido social, é necessário que o povo cristão, ao dar graças por meio da Eucaristia, tenha consciência de o fazer em nome da criação inteira, aspirando assim à santificação do mundo e trabalhando intensamente para tal fim.[249] A própria Eucaristia projeta uma luz intensa sobre a história humana e todo o universo. Nessa perspectiva sacramental, aprendemos dia após dia que cada acontecimento eclesial possui o caráter de sinal, pelo qual Deus se comunica a si mesmo e nos interpela. Dessa maneira, a forma eucarística da existência pode verdadeiramente favorecer uma autêntica mudança de mentalidade no modo como lemos a história e o mundo. Para tudo isso nos educa a própria liturgia quando o sacerdote, durante a apresentação dos dons, dirige a Deus uma oração de bênção e súplica a respeito do pão e do vinho, "fruto da terra", "da videira" e do "trabalho do homem". Com essas palavras, o rito, além de envolver na oferta a Deus toda a atividade e realização humana, impele-nos a considerar a terra

---

[249] Cf. *Propositio* 43.

como criação de Deus, que produz quanto precisamos para o nosso sustento. Não se trata de uma realidade neutral, nem de mera matéria a ser utilizada indiferentemente segundo o instinto humano; mas coloca-se dentro do desígnio amoroso de Deus, segundo o qual todos nós somos chamados a ser filhos e filhas de Deus no seu único Filho, Jesus Cristo (cf. Ef 1,4-12). As condições ecológicas em que a criação subjaz em muitas partes do mundo suscitam justas preocupações, que encontram motivo de conforto na perspectiva da esperança cristã, pois esta compromete-nos a trabalhar responsavelmente na defesa da criação;[250] de fato, na relação entre a Eucaristia e o universo, descobrimos a unidade do desígnio de Deus e somos levados a individuar a relação profunda da criação com a "nova criação" que foi inaugurada na ressurreição de Cristo, novo Adão. Dela participamos já agora em virtude do Batismo (cf. Cl 2,12s), abrindo-se assim à nossa vida cristã, alimentada pela Eucaristia, a perspectiva do mundo novo, do novo céu e da nova terra, onde a nova Jerusalém desce do céu, de junto de Deus, "bela como noiva adornada para o seu esposo" (cf. Ap 21,2).

---

[250] Cf. *Propositio* 47.

Utilidade de um Compêndio Eucarístico

93. No termo destas reflexões em que de boa vontade me detive sobre as indicações surgidas no Sínodo, desejo acolher também o pedido que os padres apresentaram para ajudar o povo cristão a crer, celebrar e viver cada vez melhor o mistério eucarístico. Cuidado pelos Dicastérios competentes, há de ser publicado um *Compêndio*, que recolha textos do Catecismo da Igreja Católica, orações, explicações das Orações Eucarísticas do Missal e tudo o mais que possa demonstrar-se útil para a correta compreensão, celebração e adoração do sacramento do altar.[251] Espero que esse instrumento possa contribuir para que o memorial da páscoa do Senhor se torne cada dia sempre mais fonte e ápice da vida e da missão da Igreja; isso animará cada fiel a fazer da sua própria vida um verdadeiro culto espiritual.

---

[251] Cf. *Propositio* 17.

CONCLUSÃO

94. Amados irmãos e irmãs, a Eucaristia está na origem de toda a forma de santidade, sendo cada um de nós chamado à plenitude de vida no Espírito Santo. Quantos santos tornaram autêntica a própria vida, graças à sua piedade eucarística! De santo Inácio de Antioquia a santo Agostinho, de santo Antão Abade a são Bento, de são Francisco de Assis a são Tomás de Aquino, de santa Clara de Assis a santa Catarina de Sena, de são Pascoal Bailão a são Pedro Julião Eymard, de santo Afonso Maria de Ligório ao beato Carlos de Foucauld, de são João Maria Vianey a santa Teresa de Lisieux, de são Pio de Pietrelcina à beata Teresa de Calcutá, do beato Pedro Jorge Frassati ao beato Ivan Mertz, para mencionar apenas alguns de tantos nomes, a santidade sempre encontrou o seu centro no sacramento da Eucaristia.

Por isso, é necessário que, na Igreja, esse mistério santíssimo seja verdadeiramente acreditado, devotamente celebrado e intensamente vivido. A doação que Jesus faz de si mesmo no sacramento memorial da sua paixão atesta que o êxito da nossa vida está na participação da vida trinitária, que nos é oferecida nele de forma definitiva e eficaz. A celebração e a adoração da

Eucaristia permitem abeirar-nos do amor de Deus e a ele aderir pessoalmente até a união com o bem-amado Senhor. A oferta da nossa vida, a comunhão com a comunidade inteira dos crentes e a solidariedade com todo homem são aspectos imprescindíveis da *logiké latreía*, ou seja, do culto espiritual, santo e agradável a Deus (cf. Rm 12,1), no qual toda a nossa realidade humana concreta é transformada para glória de Deus. Convido, pois, todos os pastores a prestarem a máxima atenção à promoção de uma espiritualidade cristã autenticamente eucarística. Os presbíteros, os diáconos e todos aqueles que exercem um ministério eucarístico possam sempre tirar desses mesmos serviços, realizados com solicitude e constante preparação, força e estímulo para o seu caminho pessoal e comunitário de santificação. Exorto todos os leigos, e as famílias em particular, a encontrarem continuamente no sacramento do amor de Cristo a energia de que precisam para transformar a própria vida num sinal autêntico da presença do Senhor ressuscitado. Peço a todos os consagrados e consagradas para manifestarem, com a própria existência eucarística, o esplendor e a beleza de pertencer totalmente ao Senhor.

95. No início do século IV, quando o culto cristão era ainda proibido pelas autoridades imperiais, alguns cristãos do norte da África, que se sentiam obrigados a celebrar o dia do Senhor, desafiaram tal proibição.

Foram martirizados enquanto declaravam que não lhes era possível viver sem a Eucaristia, alimento do Senhor: *"Sine dominico non possumus* — sem o domingo, não podemos viver".[252] Esses mártires de Abitinas, juntamente com muitos outros santos e beatos que fizeram da Eucaristia o centro da sua vida, intercedam por nós e nos ensinem a fidelidade ao encontro com Cristo ressuscitado! Também nós não podemos viver sem participar no sacramento da nossa salvação e desejamos ser *iuxta dominicam viventes*, isto é, traduzir na vida o que celebramos no dia do Senhor. Com efeito, esse é o dia da nossa libertação definitiva. Então por que se maravilhar quando desejamos que cada dia seja vivido segundo a novidade introduzida por Cristo com o mistério da Eucaristia?

96. Que Maria Santíssima, Virgem Imaculada, arca da nova e eterna aliança, nos acompanhe neste caminho ao encontro do Senhor que vem! Nela encontramos realizada, na forma mais perfeita, a essência da Igreja. Esta vê em Maria, "Mulher eucarística" — como a designou o servo de Deus João Paulo II[253] —, o seu ícone melhor conseguido e contempla-a como modelo insubstituível de vida eucarística. Por isso, na

---

[252] *Acta ss. Saturnini, Dativi et aliorum plurimorum martyrum in Africa* 7, 9, 10: *PL* 8, 707.709-710.

[253] Carta enc. *Ecclesia de Eucharistia* (17 de abril de 2003), 53: *AAS* 95 (2003), 469.

presença do *"verum corpus natum de Maria Virgine* — verdadeiro corpo nascido da Virgem Maria" sobre o altar, o sacerdote, em nome da assembléia litúrgica, proclama com as palavras do cânone: "Veneramos a memória da gloriosa sempre Virgem Maria, Mãe do nosso Deus e Senhor, Jesus Cristo".[254] O seu nome santo é invocado e venerado também nos cânones das tradições orientais cristãs. Por sua vez, os fiéis "recomendam a Maria, Mãe da Igreja, a sua existência e trabalho. Esforçando-se por ter os mesmos sentimentos que Maria, ajudam toda a comunidade a viver em oferta viva, agradável ao Pai".[255] Ela é a *Tota Pulchra*, a Toda Formosa, porque nela resplandece o fulgor da glória de Deus. A beleza da liturgia celeste, que deve refletir-se também nas nossas assembléias, encontra nela um espelho fiel. Dela devemos aprender a tornar-nos pessoas eucarísticas e eclesiais para podermos também nós apresentar-nos, segundo a palavra de são Paulo, "imaculados" perante o Senhor, tal como ele nos quis desde o princípio (cf. Cl 1,22; Ef 1,4).[256]

97. Por intercessão da bem-aventurada Virgem Maria, o Espírito Santo acenda em nós o mesmo ardor

---

[254] *Oração Eucarística I (Cânone Romano)*.

[255] *Propositio* 50.

[256] Cf. Bento XVI, *Homilia no 40º aniversário do encerramento do Concílio Vaticano II e solenidade da Imaculada Conceição* (8 de dezembro de 2005): *AAS* 98 (2006), 15.

que experimentaram os discípulos de Emaús (cf. Lc 24,13-35) e renove na nossa vida o enlevo eucarístico pelo esplendor e a beleza que refulgem no rito litúrgico, sinal eficaz da própria beleza infinita do mistério santo de Deus. Os referidos discípulos levantaram-se e voltaram a toda a pressa para Jerusalém a fim de partilhar a alegria com os irmãos e irmãs na fé. Com efeito, a verdadeira alegria é reconhecer que o Senhor permanece no nosso meio, companheiro fiel do nosso caminho; a Eucaristia faz-nos descobrir que Cristo, morto e ressuscitado, se manifesta como nosso contemporâneo no mistério da Igreja, seu corpo. Desse mistério de amor fomos feitos testemunhas. Os votos que reciprocamente formulamos sejam os de irmos cheios de alegria e maravilha ao encontro da santíssima Eucaristia, para experimentar e anunciar aos outros a verdade das palavras com que Jesus se despediu dos seus discípulos: "Eu estou sempre convosco, até o fim dos tempos" (Mt 28,20).

Dado em Roma, junto de são Pedro, no dia 22 de fevereiro, festa da Cátedra de São Pedro, de 2007, segundo ano de meu Pontificado.

BENEDICTUS PP. XVI

SUMÁRIO

Introdução 3

I Parte
    Eucaristia, mistério acreditado 11

II Parte
    Eucaristia, mistério celebrado 55

III Parte
    Eucaristia, mistério vivido 101

Conclusão 138

Rua Dona Inácia Uchoa, 62
04110-020 – São Paulo – SP (Brasil)
Tel.: (11) 2125-3500
http://www.paulinas.com.br – editora@paulinas.com.br
Telemarketing e SAC: 0800-7010081